I0027720

Stratediplo

Le quatrième cavalier

L'ère du coronavirus

Stratediplo

Stratediplo, de formation militaire, financière et diplomatique, s'appuie sur une trentaine d'années d'investigation en sciences sociales et relations internationales pour nous aider à comprendre les réalités d'un monde en pleine mutation.

Le quatrième cavalier
L'ère du coronavirus

Publié par Le Retour aux Sources
www.leretourauxsources.com

Du même auteur

Le septième scénario,
Sécession d'une minorité d'idéologie distincte,
2° édition retour aux sources 2020

La huitième plaie,
Migrants 2015, l'avant-garde,
2° édition retour aux sources 2020

La neuvième frontière,
Catalogne 2018,
2° édition complétée retour aux sources 2020

La dixième arme,
Quinze ans d'alertes et synthèses,
2° édition complétée retour aux sources 2020

Le onzième coup
De minuit de l'avant-guerre,
2° édition retour aux sources 2020

Le douzième travail
Un refuge autarcique,
2° édition retour aux sources 2020

ses publications sont annoncées sur le blogue
www.stratediplo.blogspot.com

"J'ai compris que la normalité est un privilège."

Raffaele Bruno,
médecin infectiologue,
20 mars 1 de l'ère du coronavirus

"Nous n'aurons peut-être plus jamais une vie normale."

Maggie de Block,
ministre belge de la santé,
19 mai 1 de l'ère du coronavirus

Sommaire

Préface par Piero San Giorgio[1]

> « … *je vis paraître un cheval de couleur pâle ; et celui qui était monté dessus se nommait la Mort, et l'Enfer le suivait.* »
>
> Apocalypse 6:8

> « *Nos concitoyens s'étaient mis au pas, ils s'étaient adaptés, comme on dit, parce qu'il n'y avait pas moyen de faire autrement. Ils avaient encore, naturellement, l'attitude du malheur et de la souffrance, mais ils n'en ressentaient plus la pointe. Du reste, le docteur Rieux, par exemple, considérait que c'était cela le malheur, justement, et que l'habitude du désespoir est pire que le désespoir lui-même.* »
>
> Albert Camus – La Peste 1947

Les épidémies ont été les compagnons de l'humanité depuis que celle-ci est devenue sédentaire. Avec la promiscuité de la population dans les villes, la présence d'animaux dans celles-ci et les moyens de transports et communication, les infections de masse ont toujours été craintes. Aggravant la peur qu'elles suscitent en nous était leur cause mystérieuse. Ce qu'on sait être, depuis la fin du XIXe siècle seulement, des bactéries, des virus, ou des spores étaient subites,

[1] Auteur suisse de nombreux livres de survie.

invisibles et inodores. Avant, la cause des terribles malheurs amenés par ces maladies étaient imputée à la colère divine, prompte à régulièrement punir les turpitudes des régnants ou les mœurs relâchées de la population. Pour expier, il fallait commencer par identifier quelle minorité dans la population, allait servir de bouc émissaire et qu'on allait accuser de propager le mal.

Les dégâts humains et économiques des épidémies ont toujours été considérables : les pestes d'Athènes, d'Antonin ou de Justinien, ont toutes trois été capables de tuer 30% des populations qui s'y exposaient ; la Peste Noire aura éliminé plus d'une personne sur trois en Europe et en Asie au XIVe ; les épidémies de Cocoliztli se sont occupées de 80% des populations indigènes d'Amérique centrale pendant le XVIIIe siècle ; la Grippe Espagnole de 1918-1920 a causé plus de 30 millions de morts ; la variole aura eu un bilan de morts estimé par les épidémiologistes qui dépasse le milliard… On pourrait ajouter à ce bilan d'autres maladies causées par des agents biologiques comme le Typhus, la Dengue, le Cholera, la Fièvre jaune, la Malaria… la liste est longue ! La Pestilence, sur son cheval blanc et sinistre, est, parmi les quatre cavaliers, celui qui historiquement moissonne le plus de vies.

Bien sûr, avec les avancées de la médecine au cours du XXème siècle, entre hygiène accrue, vaccins – quoi qu'on en pense – et antibiotiques, la maladie a partout reculé. L'humanité a triomphé de celle-ci puisque nous sommes huit milliards, urbanisés à plus de 60% et fortement connectés les uns aux autres. Quant aux maladies dites de la modernité que sont le diabète, les accidents cardio-vasculaires, le cancer, la dépression, les maladies neurodégénératives, etc., elles ne peuvent rivaliser dans l'inconscient collectif avec la peur panique que suscitaient ces épidémies d'antan.

Pourtant, il y a bien des maladies émergentes virales parmi lesquelles se trouvent les fièvres hémorragiques (Marbourg, Lassa, Ébola…), les grippes aviaires liées aux virus A (H1N1…), ou les syndromes respiratoires (SRAS, MERS-coV…), et il y a la résurgence d'anciennes maladies (tuberculose) ainsi que l'apparition de bactéries résistantes aux antibiotiques. Certains médecins et spécialistes veillent et sont conscients des risques du retour de ce cavalier. Mais pas la population dans son ensemble, bien trop occupée à travailler et vivre par écrans interposés.

Quelque chose a changé en 2020.

Bien sûr, à moins d'avoir été dans le coma pendant les six premiers mois de cette année, vous savez déjà tout, tant vous avez été assommé de nouvelles, d'alertes, d'informations et de contre-informations ! Vous avez été rassuré, puis apeuré, confiné, cloisonné, déconfiné, peut-être même amendé, testé, peut-être contaminé, puis déclaré positif, ou négatif…

Vous avez compris, il s'agit du virus chinois, du coronavirus, du Covid-19 !! Fuyez pauvres fous ! Et si vous ne pouvez fuir, restez chez vous, applaudissez les héros qui se sacrifient pour vous et surtout, restez bien obéissants !

Oh, bien sûr, je fais le malin maintenant. L'ironie est facile en juillet 2020, après que j'aie été testé positif, sans autres symptômes particuliers qu'une petite journée de fièvre mais depuis que j'ai suivi cette affaire à la rentrée scolaire de janvier, j'étais bien moins tranquille. Certes, j'ai parlé aux abonnés de mes réseaux dès le 24 janvier en leur disant de ne pas avoir peur, mais tout de même de se préparer à l'éventualité de devoir s'isoler pour ne pas attraper un virus qui allait inévitablement traverser les océans et les terres grâce aux transports modernes. Certes, j'étais prêt à l'éventualité de la pandémie puisque je suis survivaliste et que je me prépare à tenir le coup : réserves d'eau, de nourriture, médicaments, etc. Après avoir co-écrit mon livre sur les risques Nucléaires, Biologiques et Chimiques[2], j'avais considérablement augmenté mes stocks de matériel médical : gants en nitrile, masques, tenues de protection complètes et de quoi constituer une pièce pour placer en quarantaine d'éventuels malades. L'idée est que si ma famille et moi pouvaient tenir le coup face à une épidémie de type Ébola et ses conséquences, un coronavirus, ça devrait aller. Dès l'annonce de ce qui se passait en Chine – avec des images angoissantes, bientôt reproduites en Italie – j'ai bourré de vitamines et de produits frais toute ma famille et conseillé de faire de même à ceux qui me suivent sur les réseaux : suppléments de vitamine C et de vitamine D, ail, magnésium, oméga 3, cordiceps, astragale, etc. Bien sûr, les médias grand-public n'ont jamais parlé d'augmenter la force de nos systèmes immunitaires ! Pire, ils ont causé du stress inutile qui, on le sait, tend à faire baisser les défenses naturelles du corps. La majorité de la population s'est retrouvée sans préparation et cela m'a rappelé une belle phrase d'Albert Camus qui écrivait dans La Peste, son livre de 1947 : « *Beaucoup cependant espéraient toujours que l'épidémie allait s'arrêter et qu'ils seraient épargnés avec leur famille. En conséquence, ils ne se sentaient encore obligés à rien.* »

Vivant en Suisse, un pays qui a une infrastructure hospitalière très dense et de grande qualité, sans même parler de forces armées réputées pour avoir de nombreux hôpitaux aménagés dans les montagnes et capables de

---

[2] Piero San Giorgio et Cris Millennium *NRBC – Survivre aux événements Nucléaires, Radiologiques, Biologiques et Chimiques*, Le Retour aux Sources/Culture et Racines, 2016

pallier à ce genre de problèmes, mon niveau d'anxiété restait très bas. À tel point que, lorsque le confinement a été annoncé, j'ai pris le risque d'aller dans les supermarchés faire des achats de dernière minute : alors que tous recherchaient du papier toilette, pour moi ce furent oranges et citrons riches en vitamines. C'est sans doute là que j'ai dû attraper le virus, à moins que ça n'ait été par l'un de mes enfants rentrant de ce bouillon de culture qu'est l'école. Retranchés dans notre ferme avec notre « équipe » d'amis, nous avons donc passé les deux mois de confinement sans gros problèmes et avec suffisamment d'autonomie pour que l'exercice ne soit finalement qu'un test grandeur nature de nos préparatifs.

Nous étions tout de même étonnés de voir que les plans de gestion de pandémie que chaque État digne de ce nom prépare et fignole depuis des décennies n'a été appliqué que par les pays d'Asie, alors qu'en Occident la plupart des décideurs politiques ont préféré ne pas les appliquer et improviser ! Ont-ils eu peur à cause des images venant de Chine et d'Italie ? Ont-ils été influencés ou désinformés par les lobbies espérant placer leurs solutions à court terme (médicaments à base de molécules pouvant avoir un effet sur ce nouveau virus) ou à long terme (vaccins) ? Avons-nous subi un plan machiavélique ou l'incompétence éhontée de cette classe politique occidentale qui allie la morgue et l'inculture du parvenu à la bassesse intéressée que semble nécessiter le métier ?

Je citerai ici un extrait d'un billet de Pierre Leconte du Forum Monétaire de Genève qui nous dit que : *« La plupart des chefs d'États et de gouvernements, incroyablement imprévoyants, n'ont pas vu venir l'épidémie chinoise, pour finalement paniquer en décidant d'appliquer des méthodes dictatoriales - sans l'assentiment préalable de leurs citoyens - comme les confinements pour tenter de la ralentir. Manipulés par le lobby pharmaceutique, l'OMS et leurs supposés "conseillers scientifiques", ils ont eux-mêmes cassé leurs économies en les mettant à l'arrêt, sans d'ailleurs que cela sauve leurs ressortissants les plus âgés - qui sont surtout ceux ayant attrapé le virus de Wuhan et en sont morts -, mais ont globalement plongé leurs populations dans le chômage de masse et la pauvreté pendant que les faillites d'entreprises ont explosé. Jamais dans l'histoire moderne un tel suicide collectif volontaire ne s'est produit. Heureusement que la Federal Reserve US, et accessoirement d'autres banques centrales, sont massivement intervenues via leurs Quantitative Easings illimités pour stopper la chute libre des marchés financiers et les soutenir. Ce qui devrait permettre une lente reprise des économies, à la condition que les déconfinements aillent partout le plus vite possible à leurs termes et qu'il n'y ait pas d'autres nouveaux confinements suite à la multiplication récente des tests donnant l'impression trompeuse d'une augmentation des cas de contamination, quels qu'en soient les dégâts humains supplémentaires. Mais le mal est quand même irréparable tant en termes de révolte sociale, raciale et politique des peuples qui change en profondeur leurs relations avec les institutions politiques, comme en matière d'explosion des déficits publics et des emprunts auxquels les États ont recours pour, croient-ils à tort, relancer leurs économies, alors qu'ils ne feront ainsi que les affaiblir à terme. Sans compter la hausse des taux d'intérêts longs qui s'en suivra.* » Voilà. Au moins, je ne suis pas le seul à avertir qui veut bien écouter que les conséquences seront surtout économiques et sociales ! Et elles seront terribles.

Si l'effet réel du virus sur la santé reste incertain – les chiffres de mortalité ne sont objectivement pas encore fiables à cette date –, je concorde avec Stratediplo sur l'analyse qu'il fait de la situation dans le livre que vous vous apprêtez à lire. Il y aura beaucoup de livres sur cette période : des romans, des essais, des brûlots… mais avec ce *Quatrième Cavalier*, vous avez non seulement une chronique et une vue d'ensemble de haute qualité de la première moitié de 2020 mais aussi des pistes de réflexion sur les directions possibles que va prendre le monde ces prochains mois et ces prochaines années. Cette prospective est indispensable pour nous tous – et, on l'espère, pour les décideurs les moins ignorants qui liraient ce livre. Et si les oligarques, les politiciens et les journalistes peuvent se rassurer car ce virus n'affecte pas les rats et les serpents, ils ont plus de souci à se faire face au courroux des peuples. C'est sans doute pour cette éventualité que les guerres sociales ont été restructurées grâce à l'importation de minorités belliqueuses pour que tout conflit soit d'abord horizontal afin qu'il laisse le temps aux élites autoproclamées de gérer la situation ou, le cas échéant, de fuir, avant que le conflit ne devienne vertical.

C'est probablement la cassure du bon fonctionnement des infrastructures – chose que l'on aurait pu craindre cette année, mais qui ne s'est pas produite – qui devrait les inquiéter le plus. Une économie moribonde ne pourrait plus faire fonctionner des systèmes d'approvisionnement qui ont besoin de perfection structurelle pour fonctionner à flux tendu et remplir nos supermarchés de nourriture, nos pharmacies et nos hôpitaux de médicaments, nos garages et nos usines de pièces de rechange. Et si nous arrivons à cette situation, dont je décris les conséquences dans mes livres[3], eh bien tous nos modes de vie vont rapidement changer et, tout au moins à court

---

[3] Piero San Giorgio, *Survivre à l'effondrement économique*, Le Retour aux Sources, 2011

terme, pas pour le meilleur.

Pour terminer et vous laisser débuter la lecture du *Quatrième Cavalier*, s'il me semble que cette pandémie n'aura à ce stade pas fait de gros dommages sanitaires – et c'est heureux – et bien que nous devons prendre garde à la prochaine, la suite des événements pourrait être très intéressante. Nous avons évoqué les conséquences sur l'économie et la cohésion sociale de l'Occident fragilisé par 40 ans d'incurie, d'incompétence et d'idéologie mortifère. Mais le risque, identifié par Emmanuel Todd[4] ou, plus récemment, par Michel Onfray[5] et bien d'autres, est celui de la mise en place d'un totalitarisme qui n'est nullement « mou » ni « de marché ». La vieille tentation des puissants de consolider à long terme leur pouvoir par une idéologie officielle, un parti « de masse » unique, la terreur policière, le monopole des médias et une économie planifiée semble très proche. Si vous ne le voyez pas, c'est que vous n'avez pas bien regardé le match et mes prochains livres vous ouvriront les yeux.

Cependant il faut d'ores et déjà garder à l'esprit que ce totalitarisme est l'un des plus physiquement fragiles de tous les temps. Les forces de l'ordre sont châtrées par l'idéologie et par des décennies de frustrations, les armées n'ont jamais été aussi petites en nombre et le soutien aux peuples venant d'autres puissances émergentes, désireuses d'étendre leur influence, est à portée de main. Nous en revenons donc à ce qu'écrivait déjà il y a cinq siècles

---

[4] Emmanuel Todd, *Après la démocratie*, Gallimard, 2008

[5] Michel Onfray, *Théorie de la dictature*, Robert Laffont, 2019

Étienne de la Boétie[6] : « *Pour que les hommes, tant qu'ils sont des hommes, se laissent assujettir, il faut de deux choses l'une : ou qu'ils y soient contraints, ou qu'ils soient trompés.* [...] *Les tyrans ne sont grands que parce que nous sommes à genoux* [...] *Soyez donc résolus à ne plus servir et vous serez libres.* [...] *Ce maître n'a pourtant que deux yeux, deux mains, un corps, et rien de plus que n'a le dernier des habitants du nombre infini de nos villes. Ce qu'il a de plus, ce sont les moyens que vous lui fournissez pour vous détruire.* [...] *Et pourtant ce tyran, seul, il n'est pas besoin de le combattre, ni même de s'en défendre il est défait de lui-même, pourvu que le pays ne consent point à la servitude. Il ne s'agit pas de lui rien arracher, mais seulement de ne lui rien donner.* »

Cet antidote ancestral nous permettra de résister, y compris par des voies légales, y compris par des voies pacifiques et civiles, afin que nous puissions récupérer nos libertés, réduites à peu de chose depuis bien trop longtemps.

Genève, Juillet 2020.

---

[6] Étienne de la Boétie, *Discours de la servitude volontaire*, 1576

Introduction

Commencé en urgence en février, au lendemain des Contamines (donc avant Codogno), pour alerter sur l'épidémie imminente et la nécessité de se préparer à se calfeutrer (le sous-titre devait être "recevoir le coronavirus"), ce travail a été interrompu à la mi-mars par le bouleversement de l'actualité, et repris dans une optique de synthèse de situation, et de prospective. Il ne sera jamais achevé, car chaque semaine apporte de nouveaux éléments de nature à justifier une mise à jour, mais le petit temps mort de l'été est tout ce qui reste aux citoyens avant de nouveaux bouleversements, majeurs, qu'il est vital de leur faire entrevoir.

La liberté conditionnelle et limitée, dont certaines populations jouissent déjà et que d'autres recevront bientôt, est la dernière fenêtre d'opportunité pour se préparer à la prochaine réclusion, qui pourrait bien n'être ni plus courte ni plus légère. Surtout, elle marque, encadre et entrave le dernier créneau libre (mais déjà privé de normalité) pour se préparer, mentalement, culturellement voire plus concrètement si possible, aux temps difficiles qui commenceront à l'automne avec les reconfigurations politiques, et se poursuivront l'année prochaine avec l'altération des modes de vie.

Beaucoup de salariés citadins au chômage technique indemnisé croient être prochainement rappelés à leur emploi (certains le seront), espèrent avoir des vacances d'été, et s'imaginent qu'à la rentrée scolaire de septembre la vie sera redevenue comme avant, sous réserve de quelques précautions sanitaires dans l'attente du vaccin promis par les gouvernants. Consciemment ou pas, on veut encore croire à la normalité.

L'écrêtement discret, et pour l'instant limité, de la pyramide des âges, est passé pour une fatalité, et la catastrophe sanitaire vue en Lombardie puis à New York a été ailleurs évitée, cachée ou différée. Si l'on ne perçoit pas de destructions physiques, la paralysie des mouvements internationaux de marchandises et de personnes est supérieure à celle engendrée par une guerre mondiale, et la paralysie de la vie économique et surtout sociale dans la plupart des pays a porté un coup très lourd à la dynamique interne des sociétés (et l'équilibre de certaines), pour ne pas dire leur métabolisme.

Que le coronavirus soit sorti du laboratoire de Wuhan accidentellement ou pas, qu'il ait été diffusé dans les autres pays par impéritie politique, par incurie ou à dessein, il a permis la cristallisation de phénomènes qui étaient déjà latents ou en cours.

L'explosion de la colossale bulle boursière, étatsunienne notamment, était inévitable et le surgonflement désespéré et surpressurisé ultime de cette bulle ne fait que précipiter son explosion (qui n'aurait pas dû toucher les peuples). L'étatisation du capitalisme à son dernier stade, par la nationalisation des marchés de capitaux, n'était par contre pas nécessaire et n'a fait qu'alourdir la facture sociale et transgénérationnelle. L'effacement généralisé des gigantesques dettes irrécouvrables, à commencer par celle des États-Unis, était inévitable, que ce soit par le défaut unilatéral, le jubilé mutuel ou l'hyperinflation prétendument involontaire. La dématérialisation des devises, facilitateur de la course à l'hyperinflation (temporaire) et du contrôle totalitaire des échanges et des personnes (durable), était déjà annoncée et en cours d'exécution.

La fin de la société de gaspillage (dite de consommation), directement dictée par l'épuisement des ressources, et indirectement par l'emballement démographique de certains continents, était inévitable aussi, même si la transition (le retour à la raison) aurait pu être opérée de manière conduite, ménagée et indolore. Le sacrifice de l'économie réelle, ou économie productive et distributive de proximité, à la spéculation financière, n'était par contre pas nécessaire, et la réduction du gaspillage n'imposait pas la fomentation de la pénurie générale.

De même, la réduction de la consommation d'énergie d'origines nucléaire et fossile, et plus particulièrement d'hydrocarbures (d'ailleurs en voie d'épuisement) à effet de réchauffement planétaire, était aussi inévitable mais elle aurait pu s'exercer prioritairement par d'une part la révision des mauvais choix énergétiques et d'autre part la neutralisation des deux gros gaspillages, à savoir la mondialisation des échanges et la gabegie de la *jet-society* mondiale.

En tout cas, les populations auraient préféré revenir au mode de vie du XIX° siècle, sans avion ni air conditionné ni vacances aux Seychelles (voire sans trous noirs urbains engouffrant des pays entiers), mais sans devoir s'inquiéter de n'avoir pas de quoi nourrir les enfants et les vieux en dépit de l'illusion collectiviste. Or la brutale restructuration (et réduction prochaine) de la société humaine qui vient d'être amorcée promet au moins une décennie cruelle, et dès 2021 il y aura des pleurs, des grincements de dents et des claquements de culasses, sans oublier en France le tournoiement des sabres d'abattis (ou "coupe-coupe").

Et le coronavirus lui-même n'a pas fini de tuer, de stériliser et de réduire l'espérance de vie.

Certains historiens, pour la facilité de découper l'Histoire en ères logiquement homogènes plutôt qu'en périodes calendaires arbitraires, disent que le XV° siècle s'est terminé en 1492 (reprise de Grenade et découverte de l'Amérique), que le XVII° s'est terminé en 1715 (décès de Louis XIV), que le XVIII° s'est terminé en 1815 (fin de l'expansionnisme révolutionnaire français) et que le XIX° s'est terminé en 1914 (début de la Grande Guerre). Leurs successeurs diront peut-être que le XX° siècle s'est terminé en 2020. En tout cas 2021 et suivantes ne ressembleront pas à 2019.

Les décennies à venir appartiendront à une nouvelle ère, qui fera par certains aspects regretter amèrement celle qui vient de s'achever.

Du virus à la pandémie

Les mois ont passé, les actions et les inactions ont ouvert des polémiques, aussi est-t-il nécessaire de rappeler une évidence : le coronavirus de Wuhan et des Contamines existe. Le 11 février 2020 le directeur général de l'Organisation Mondiale pour la Santé, Tedros Adhanom Ghebreyesus, a annoncé que la nouvelle maladie s'appellerait Covid-19. À cette occasion il a d'ailleurs tenu à préciser qu'il fallait éviter d'utiliser des noms "stigmatisants" se référant à un lieu, un animal, une personne ou un groupe de personnes.

Une personne infectée par le coronavirus SARS-CoV-2 commence à être contagieuse au bout de quelques jours (le temps d'avoir atteint une certaine "charge virale"), puisque c'est par là où est entrée l'infection, à savoir les voies aériennes supérieures, qu'elle est essentiellement propagée, par les excrétions respiratoires. C'est d'ailleurs dans la première semaine ou décade, avant de montrer le moindre symptôme (contrairement aux mensonges du ministre Agnès Buzyn le 9 février) que l'infecté est le plus contagieux, car au fur et à mesure que le virus s'implante dans les voies aériennes inférieures puis les poumons il se raréfie dans les voies aériennes supérieures et donc dans leurs excrétions.

Cette désaffection progressive du nez, de la bouche et de la gorge par le virus explique aussi en partie le caractère peu fiable du dépistage effectué exclusivement sur prélèvement nasal ou nasopharyngé, car selon le stade de l'affection le virus peut être encore circonscrit à la gorge ou déjà localisé dans les poumons, et donc absent du pharynx. Certes il y a aussi des systèmes de dépistage intrinsèquement défectueux, comme ceux utilisés parcimonieusement en France (les deux premiers mois) qui donnent une réponse négative chez 40% des infectés, puis ceux exportés plus tard par la Chine. C'est ainsi que le Bas-Rhin a été probablement infecté par un policier strasbourgeois symptomatique que l'on avait relâché après un test négatif (deux semaines après l'ouverture de la saison de ski et de contamination par le ministre de la santé aux Contamines), en sachant pourtant qu'en Chine une personne avait été contrôlée négativement jusqu'à huit fois avant que son neuvième dépistage s'avérât positif.

D'autre part un malade rétabli continue de diffuser le virus autour de lui jusqu'à une semaine après sa guérison, avant que ses défenses n'en éliminent les toutes dernières traces repérables. Mais ce qui est bien plus inquiétant est qu'on a noté que deux semaines après leur guérison apparente 15% des patients que l'on croyait rétablis apparaissaient réinfectés, et qu'un mois après la guérison apparente le taux de réinfection s'élevait à 30%. Or (au contraire d'autres maladies) la réinfection est systématiquement plus grave que la première infection. Sauf erreur, à l'heure où l'on écrit ces lignes, et du fait du caractère peu fiable des tests actuels (qui peuvent indiquer fallacieusement une absence de virus), on ignore encore s'il s'agit de réinfection de patients totalement guéris ou de résurgence d'une infection pas totalement disparue.

La résurgence d'une infection préalablement réduite indiquerait simplement une grande résilience du virus, et donc la nécessité de poursuivre le traitement (dans les pays où il est autorisé), et en tout cas l'isolement, au moins un mois après la rémission apparente. Pour sa part la réinfection ou l'auto-réinfection d'un patient un mois plus tard est calendairement possible même en cas d'isolement, puisqu'un rétabli apparent peut encore diffuser le virus pendant sept jours, que le virus peut rester actif jusqu'à dix-sept jours sur une surface sèche (découverte après l'évacuation du Diamond Princess) et que la réinfection peut n'être apparente qu'une semaine plus tard, soit un total d'un mois.

Mais cela impliquerait la véracité de ce que les biologistes chinois avaient annoncé dès janvier, à savoir que ce virus dit "immunodéficient" ne laisse pas de traces mémorisables et reconnaissables par le système immunitaire. Ceci serait de très mauvais augure pour la recherche d'un vaccin. Dès le mois d'avril, les études sur plusieurs dizaines de cas étranges en divers points du monde ont montré non seulement que l'on peut être réinfecté quelques semaines plus tard, ou que le virus peut sembler vaincu et répondre absent aux tests puis réapparaître, mais aussi que quelques semaines après récupération on n'a plus aucune traces d'anticorps[7]. Ceci également serait de très mauvais augure pour la recherche d'un vaccin.

Le gouvernement français a certes déclaré rechercher la contamination du plus grand nombre possible de citoyens pour obtenir un effet dit "immunité collective" (ou de troupeau puisque les ministres désignent par des anglicismes comme *herd immunity* les notions nouvelles pour eux), à savoir la survie de la communauté au prix du sacrifice de ses membres les plus faibles. Mais il a alors

---

[7] Il s'agit là du deuxième type de tests, à savoir la recherche d'anticorps dans le sang, moins spécifiques car des anticorps identiques peuvent avoir été déclenchés par l'exposition à un autre virus, celui de la grippe par exemple.

omis de mentionner que la condition nécessaire, à savoir la certitude de l'immunisation naturelle des survivants à une première infection, n'était pas assurée. De même que quand le gouvernement a annoncé par la voix du ministre de la santé Olivier Véran, le 25 février, préférer guérir que prévenir ("*il est inutile d'essayer d'empêcher la contamination, on va plutôt gérer les cas, les malades et les soigner*"), il a omis de mentionner qu'il n'existait alors aucun traitement connu pour "soigner" le coronavirus (et que de plus le gouvernement était incapable de gérer une épidémie). Et plus tard il apparaîtrait que le gouvernement avait la ferme intention de tout faire pour interdire le meilleur traitement, même après son adoption dans le monde entier.

On s'est demandé pendant les quelques premières semaines si la grande majorité des enfants étaient immunes au virus et ne pouvaient le contracter, ou s'ils y résistaient particulièrement bien et en étaient porteurs sains. Au fil des études de terrain c'est la deuxième alternative qui s'est finalement imposée, les enfants le contractent aussi aisément que les adultes mais restent porteurs sains, ou le cas échéant avec des symptômes initiaux mineurs[8]. Cependant ils sont aussi contagieux que les adultes, d'autant plus, justement, que leur bonne santé apparente incite leur entourage à la confiance et à la négligence, augmentant ainsi les risques de contagion.

Tel est d'ailleurs l'argument principal qui a été avancé par les gouvernements responsables lorsqu'ils ont

---

[8] Ce n'est qu'en mai qu'apparaîtront de nombreux cas de syndrome inflammatoire multisystémique, rappelant la maladie de Kawasaki, très graves voire mortels mais n'apparaissant que deux à trois mois après l'infection initiale.

commencé à fermer les écoles, face aux accusations de "déni du droit à l'éducation" lancées par les organisations aux penchants malthusianistes sous couvert de préoccupation pour les droits de l'homme, les mêmes qui, en Europe, avaient deux semaines plus tôt soutenu les gouvernements échangistes au motif que, quel qu'en serait le coût humain, il était idéologiquement impossible de refermer des frontières.

À vrai dire la contamination massive par les enfants asymptomatiques, comme le délai tout particulièrement long avant l'apparition des premiers symptômes chez les adultes, s'inscrivent dans la stratégie d'expansion de ce virus qui, quand on ajoute sa forte létalité à son extrême virulence (contagiosité), ressemble plus à un ennemi expressément spécialisé dans la tuerie suicidaire qu'à un parasite qui aurait trouvé un meilleur terrain de végétation et de reproduction dans les poumons humains, et ne tuerait son hôte que par épuisement accidentel.

Il tue aussi en différé sur plusieurs années. Non seulement les rescapés présentent souvent des dommages irrémédiables au système sanguin, au système nerveux et surtout aux poumons, qui peuvent les tuer bien plus tard (à l'âge où le corps faiblit), mais c'est aussi le cas de beaucoup de personnes, enfants compris, faux porteurs sains qui n'ont montré aucun symptôme, dont une imagerie au scanner montre cependant de graves dégâts aux poumons. Enfin il entrave vraisemblablement aussi à terme la reproduction humaine car les enfants, justement, présentent des dégâts aux testicules, dont les effets sur la spermatogénèse et la fécondité ne seront connus que dans plusieurs années.

Parmi les "acquisitions de fonctions" (selon un concept validé par l'OMS dans le cadre de la recherche "duale" à finalité défensive et offensive) du coronavirus

2019-nCoV ou SARS-CoV-2 par rapport à son ancêtre le coronavirus SARS-CoV du Syndrome Respiratoire Aigu Sévère, on peut noter sa remarquable longévité sur les surfaces sèches, indiquée ci-dessus. Son rythme de réplication ou reproduction est aussi remarquable, permettant à la charge virale d'être multipliée par cent toutes les quarante-huit heures, au lieu de vingt au maximum dans le cas du SARS-CoV, d'après une étude de la faculté de médecine de Hong Kong publiée début avril. On peut aussi noter, bien que la modalité essentielle de contamination soit par les gouttelettes toussées, éternuées ou exhalées jusqu'à 4,5 mètres de distance (douze dans certains cas), sa surprenante compatibilité aérosol. Ce virus n'est pas commun.

Vraisemblablement acquise au moyen de passages multigénérationnels répétés chez des furets de laboratoire, ou des lignes artificielles de cellules réceptrices (de furet) permettant d'économiser en éprouvette sur la procédure de mutation et sélection "naturelle" (en apparence) accélérée, c'est cette capacité aérosol qui permet sa diffusion par les systèmes de ventilation si présents dans l'habitat humain moderne. Ainsi c'est par le système de pressurisation et ventilation d'air de l'avion qui les ramenait du Diamond Princess que les quatorze Étatsuniens testés négatifs la veille et positifs au moment du départ, bien qu'isolés au fond de l'avion par une cloison de nylon, ont contaminé, en une nuit de vol, une centaine de leurs compatriotes sur trois cents quatorze (d'ailleurs on avait suspecté une diffusion similaire sur le Diamond Princess).

On raconte qu'à la fin du premier semestre 2020, les systèmes de ventilation des derniers avions de ligne en service ont été munis de filtres. En suspension dans l'air, le virus peut rester actif trente minutes, et donc être attrapé par voie respiratoire après le départ du porteur. On apprenait en février que ce virus peut aussi être présent dans l'urine, et donc contaminer les eaux superficielles et les réseaux d'eaux usées, et on découvrait en mars qu'il peut aussi être présent dans les selles (puis en mai dans le sperme), et donc contaminer les cours d'eau en zone rurale avec fosses septiques.

Le nouveau coronavirus a aussi une exceptionnelle capacité d'ancrage (ou d'amarrage, puisqu'il paraît hérissé de bites) sur les cellules humaines. Alors que d'autres virus ont un taux de pénétration faible et doivent donc être présents en grandes quantités dans un organisme pour qu'une petite quantité d'individus s'accroche avec succès à leurs cellules-cibles, celui-ci est doté d'une grande capacité d'accroche, permettant à un assaut même numériquement faible de produire son infiltration. On a déterminé que la capacité de ce virus à s'accrocher aux récepteurs des cellules humaines[9] (l'enzyme de conversion de l'angiotensine de type 2) est au moins cent fois supérieure à celle de son ancêtre le virus du SRAS, qui était le seul autre à passer déjà par ce récepteur, contrairement aux autres virus qui visent une autre enzyme, la furine par exemple.

En fait dès le 27 janvier un groupe de virologues de l'Université de Delhi et de l'Institut Indien de Technologie (Dr Prashant Pradan et collègues) avait publié les résultats d'une étude établissant que l'acide ribonucléique du nouveau coronavirus portait quatre séquences génétiques (en l'occurrence les séquences GTNGTKR, HKNNKS,

---

[9] Faute de compétences en microbiologie, Stratediplo ne cite les découvertes scientifiques que pour aider le lecteur compétent à orienter ses recherches.

GDSSSG et QTNSPRRA) similaires au rétrovirus du SIDA, seul cas connu, d'après cette étude, d'un coronavirus avec des emprunts à un virus d'une autre famille, lui conférant justement une capacité d'accroche, et donc une virulence, extraordinaire.

Ces quatre insertions génétiques relatives à la glycoprotéine de surface, aussi étudiée par l'équipe du Dr Étienne Decroly de l'Université d'Aix-Marseille (qui a trouvé d'autres anomalies inédites chez un coronavirus), et par d'autres virologues interdits d'internet depuis lors, sont en totale rupture avec le mode de reconnaissance et d'accroche des coronavirus cousins. Exclusivité du nouveau coronavirus, ces quatre insertions génétiques sont d'une part ce qui donne au SARS-CoV-2 la capacité et la nécessité de s'attaquer à l'être humain alors qu'il est pour le reste basé sur un virus tropique des chauves-souris[10], et d'autre part ce qui lui confère une capacité d'accroche centuplée par rapport aux virus du SRAS et du SRMO. Ainsi l'une des quatre insertions semble être un nouveau code optimisant (centuplant) la capacité d'accroche à l'enzyme de conversion de l'angiotensine de type 2, que le SARS-CoV avait été le premier à utiliser comme récepteur.

En tout cas l'équipe de chercheurs indiens a considéré hautement improbable qu'un virus ait acquis des insertions si exceptionnelles d'une manière naturelle et dans un temps si court, et ils ont donc été forcés à retirer ces conclusions de la consultation publique, sans pour autant que leur découverte ait été réfutée depuis lors. Au contraire,

---

[10] Dans la nature un virus qui "saute" sur une nouvelle espèce hôte met ensuite des milliers de générations (des siècles) à perdre son affinité principale avec son espèce hôte d'origine.

fin février l'équipe du Pr Ruan Jishou à l'Université Nankai de Tianjin a confirmé cette découverte.

Le 16 avril le Pr Luc Montagnier, prix Nobel de médecine pour sa découverte du rétrovirus immunodéficitaire humain causant le syndrome immunodéficitaire acquis dit SIDA, a déclaré à son tour que le SARS-CoV-2 était artificiel. Autorité mondialement reconnue en matière de virus et de leurs génomes, il a intensivement étudié le nouveau coronavirus depuis janvier, et est arrivé aux mêmes conclusions que les chercheurs indiens, à savoir que la présence d'extraits génétiques du rétrovirus du SIDA dans le génome de ce coronavirus ne pouvait pas être le résultat d'une évolution naturelle ou fortuite, mais d'un minutieux travail d'ingénierie.

Le Pr Montagnier est aussi le scientifique qui a découvert et démontré que l'acide ribonucléique (ARN) des virus se réplique de la même manière que l'acide désoxyribonucléique (ADN). Or, le 30 avril dernier, tout en réitérant que ce coronavirus était de toute évidence artificiel, Luc Montagnier a ajouté que, lors de ses mutations spontanées, les quatre séquences génétiques exogènes de son ARN étaient les premières à être rejetées. Cela est bien sûr une confirmation du caractère artificiel et imposé de leur présence dans le code génétique de cet être, et c'est encourageant quant à ses évolutions futures au sein de la population humaine.

Car ce virus est aussi très adaptable, par mutation génétique comme tous les êtres aux générations courtes et nombreuses. Sa vitesse de mutation reste inférieure à celle du virus de la grippe, mais elle est deux fois supérieure à celle des autres coronavirus. Dès début février certains chercheurs s'inquiétaient de la haute mutabilité du virus, qui risquait de rendre illusoire tout espoir d'un vaccin ou d'une immunité collective. Tandis que des chercheurs islandais ont identifié une quarantaine de souches sur leur île (on peut être infecté par plusieurs simultanément), fin février le virologue Trevor Bedford avait trouvé 161 souches différentes de par le monde, et estimait que chaque souche connaissait en moyenne deux mutations par mois. Depuis mars il circule des milliers de variantes. Bien sûr cela signifie que le virus pourra s'adapter aux traitements qui seront développés, comme l'a fait par exemple le virus du paludisme.

Mais cette grande mutabilité signifie aussi qu'en cas de découverte d'un vaccin, celui-ci ne serait pas universel et pérenne. Il faudrait alors un nouveau vaccin après chaque mutation, comme pour la grippe dont chaque irruption annuelle nécessite un vaccin différent depuis que cette maladie est endémique, définitivement ancrée dans la population humaine mais présentant une nouvelle mutation chaque année.

La question de la possibilité, même théorique, d'un vaccin, est d'ailleurs loin d'être résolue, et la réponse pourrait être négative. En effet le SARS-CoV-2 dispose comme son ancêtre le SARS-CoV d'une stratégie lui permettant de déjouer les défenses immunitaires et de les retourner contre l'organisme infecté, selon le mystérieux mais fameux phénomène de facilitation de l'infection par les anticorps.

Il existe au moins un précédent malheureux, celui de la dengue, maladie partie d'Asie orientale tropicale à bord des porte-conteneurs du commerce international pour conquérir progressivement le monde tempéré, et désormais transmise par un deuxième moustique en plus du vecteur original. Les infections ultérieures sont généralement plus graves que la première, en dépit ou plus exactement en raison de la première immunisation, par facilitation immunologique. Une infection par l'un des quatre sérotypes de dengue immunise à vie contre ledit sérotype, mais facilite les infections ultérieures par les trois autres sérotypes qui utilisent les anticorps produits contre le premier pour entrer et se multiplier via les monocytes (globules blancs), et ce quel que soit le premier sérotype par lequel on ait été infecté. Aussi a-t-on longtemps cru qu'il ne serait pas possible de développer un vaccin.

Finalement, fin 2015 le laboratoire Sanofi-Pasteur a commencé à vendre et appliquer un vaccin (Dengvaxia) inoculé en trois injections successives et visant les quatre souches, avec un taux annoncé d'efficacité distinct (et modeste) pour chacune… en infection initiale. Le principal effet secondaire, à part qu'il prédispose à contracter le Zika, est le caractère bien plus sévère des infections ultérieures de dengue, une maladie qui avait jusque-là un taux de létalité de 1%. Ce jeune vaccin plus nuisible qu'utile est, quatre ans plus tard, toujours vendu dans certains pays, bien qu'il soit interdit en France (pays de Sanofi-Pasteur), dans l'Union Européenne et dans les départements ultramarins français.

Sauf erreur justement, parmi les quatre insertions génomiques extra-coronavirales du SARS-CoV-2, l'une d'entre elles copie le virus de la dengue et développe ce phénomène de facilitation de l'infection par les anticorps, déjà connu pour les autres coronavirus dont l'ancêtre SARS-CoV.

La presse lénifiante répète à l'envi qu'un vaccin devrait être disponible au deuxième semestre 2021. En effet, concernant le Covid-19 toutes les autorités sanitaires et politiques nationales, supranationales et mondiales semblent s'accorder sur l'intérêt de faire très vite. Le 17 mars Ursula von der Leyen, présidente de la Commission Européenne, a déclaré qu'elle espérait un vaccin avant l'automne (2020), c'est-à-dire sous six mois. Puis le 12 avril, en annonçant que les personnes âgées devraient rester confinées et socialement distancées jusqu'à la vaccination générale, elle a estimé ça pour la fin de l'année (2020), c'est-à-dire sous huit mois. Peut-être plus soucieux de la crédibilité de ses prévisions puisque lui est un élu, le gouverneur de l'État de New York voit, en avril comme déjà en février, la distribution d'un vaccin au public "*dans douze à dix-huit mois*". Il est vrai que, sur la question d'un vaccin, la presse grand public préfère interroger les politiciens que les immunologistes.

De son côté l'OMS a décidé, en réunion à huis clos, d'autoriser les essais sur des humains avant de disposer de résultats concernant les essais animaux. Parmi les dizaines de projets validés voire subventionnés, il semble que ceux qui entendaient respecter les normes et procédures de sécurité jusqu'ici en vigueur, notamment la phase de tests d'innocuité puis la phase de tests humains, aient été écartés au motif de l'urgence. Cela a d'ailleurs permis l'entrée dans la course d'entreprises créées pour l'aubaine sur le modèle dit *start-up* de l'informatique (comme Moderna…), vantant des compétences en biologie mais sans la moindre expérience en matière d'essai sur l'être humain.

Tout cela semble augurer la distribution hâtive d'un premier prototype, sans essai préalable ni sur des animaux ni sur des humains, selon la pratique commerciale des concepteurs étatsuniens de logiciels qui, se pensant à l'abri de toute compétition concurrentielle, attendent les plaintes et les contributions des premiers clients pour peaufiner la deuxième mouture.

Quoi qu'il en soit, même la réalisation d'un vaccin en deux ans serait une première mondiale. Car les immunologistes, quand on les interroge, rappellent que le développement d'un vaccin prend habituellement une quinzaine à une vingtaine d'années, par exemple dix ans pour celui contre le chikungunya ou trente ans pour celui contre (du moins théoriquement) la dengue.

Or, jusqu'à présent aucun vaccin n'a jamais été obtenu contre un coronavirus. Les tentatives menées pour le premier SARS-CoV ont buté, justement, sur le phénomène de la facilitation de l'infection par les anticorps, et elles ont été arrêtées au niveau de l'expérimentation sur les animaux, les macaques vaccinés montrant non seulement une absence de protection, mais également une aggravation de leurs symptômes par rapport aux non-vaccinés. Et dans le cas du SARS-CoV-2 les chercheurs s'inquiètent aussi d'un éventuel choc cytokinique (en cause dans de nombreuses complications du Covid-19), ainsi que de l'effet contre-productif qu'il pourrait y avoir à épuiser l'organisme dans la production de cellules immunitaires de type T si le virus les neutralise.

Certes, tant la question d'une possible utilisation des anticorps par le virus, que celle de la stimulation de la production d'anticorps, se révèleraient sans objet s'il s'avérait que ce Covid-19 se caractérisait, entre autres, par un effacement de la mémoire immunitaire c'est-à-dire des traces conservées par l'organisme pour une reconnaissance ultérieure, et ce aussi tôt que dès la disparition des anticorps de la première infection, de l'ordre d'une à deux semaines, en tout cas moins d'un mois, après la rémission apparente.

En fin de compte, ce coronavirus est l'un des virus les plus contagieux que l'on connaisse, bien plus contagieux par exemple que celui de la grippe. Et le fait qu'il ne provoque pas de symptômes dans la grande majorité des cas, ni dans la première semaine des cas graves, facilite sa transmission à grande échelle, indétectée.

Les chiffres publiés par la Chine durant les (officiellement) premières semaines de son épidémie ne semblaient pas montrer d'hécatombe d'un niveau justifiant le caractère extrême des mesures prises par ce pays, qui savait pourtant à quoi il avait affaire. Par exemple lorsque de semaine en semaine il était annoncé des chiffres comme 87 morts, 175, 350, 700 puis 1400 morts, la courbe d'une duplication toutes les semaines paraissait tout à la fois raisonnable, prédictible et gérable. Le 31 janvier, lorsque les autorités chinoises publiaient le nombre extraordinairement précis de 11 797 personnes infectées dans la ville de Wuhan, le doyen de la faculté de médecine de l'Université de Hong Kong calculait qu'il devait y en avoir en réalité de l'ordre de 75 800.

Cependant, d'après le milliardaire dissident chinois exilé Guo Wengui il y avait au 9 février 250 millions de Chinois en quarantaine, 1,5 million de contaminés, 50 000 morts (et 1200 crémations par jour), et deux semaines plus tard le 22 février il y avait de 4 à 5 millions de contaminés et 250 000 morts. Tout cela n'est pas en contradiction avec les premières fuites d'information, notamment de la part de témoins occidentaux (Européens, Africains et Américains) après la neutralisation physique ou télématique des dissidents chinois et avant la neutralisation médiatique, par l'OMS[11], des rapports alarmants.

---

[11] La censure dictée par l'OMS aux grands "influenceurs d'opinion" lors de la fameuse réunion animée par Andy Pattison le 13 février au siège de Facebook à Menlo Park (États-Unis) n'est pas limitée dans le temps.

En d'autres temps des rafles, des déportations massives en camps d'internement de quarantaine, des bouclages étanches comme à Bab-el-Oued, le débordement dès leur livraison à la mi-février des quarante premiers fours crématoires mobiles commandés en janvier, auraient pu n'être que l'expression d'une répression politique de plus. Le fait que tout cela soit exécuté en combinaisons de protection biologique avait de quoi inquiéter. Puis on a vu l'extinction de l'économie, visible de l'espace à la chute de la pollution atmosphérique industrielle et de transport, non compensée par le maintien de la pollution due au chauffage (en hiver) et l'apparition de celle due aux crémations massives (dioxyde de soufre).

Il a fallu attendre des données statistiques sur les pays européens puis américains pour se faire une idée plus précise de la progression de l'épidémie. En fait son coefficient d'expansion quotidienne varie dans l'ensemble entre 1,3 et 1,5, avec une tendance à la stabilité autour de 1,4, c'est-à-dire un doublement tous les deux jours ($1,4^2=1,96$). Il s'agit là du taux d'expansion constaté dans une société ouverte, avant isolement familial ou individuel qui ne peut d'ailleurs être que temporaire.

Toutefois, s'agissant du taux constaté d'infections confirmées, il est évidemment tributaire de la capacité et de la volonté de détection des cas, qui ne s'applique en général, sauf dans les très rares pays qui ont décidé le dépistage systématique, qu'aux cas symptomatiques. On se rappelle qu'au tout début de la propagation déclarée par la Chine au reste du monde, dans les dernières semaines de janvier et premières de février, les journalistes peu férus d'épidémiologie rapportèrent d'abord une anormale progression arithmétique de l'infection, c'est-à-dire une augmentation quotidienne à peu près constante en valeur absolue quel que soit le volume de la masse déjà infectée.

Puis ils comprirent que la quantité de nouveaux cas rapportés était en fait limitée à la capacité de détection quotidienne de la Chine, soit de l'ordre de trois mille dépistages par jour (dont certains pouvaient s'avérer négatifs) sans même d'ailleurs prendre en compte l'éventualité d'un plafonnement politique des communiqués.

La question qui se pose est, précisément, celle du nombre de cas asymptomatiques, que certains dépistages de population semblent établir à la moitié, à l'équivalent voire au double des cas symptomatiques, tandis que d'autres (rares il est vrai) semblent l'établir au centuple. Plus il y a de cas asymptomatiques, connus ou ignorés, plus l'épidémie se propage, mais moins elle apparaît statistiquement mortelle, du moins jusqu'à la possibilité d'un calcul sur la totalité d'une population infectée depuis plus d'un mois, durée de l'incubation et du cours de la maladie.

L'Organisation Mondiale pour la Santé a déclaré qu'il s'était écoulé soixante-sept jours entre la déclaration du premier cas et l'enregistrement du cent-millième cas, onze jours entre celui-ci et le deux-cent-millième, et seulement quatre jours pour atteindre trois cent mille cas. Ces gros titres de communiqués de presse ne sont pas convaincants. En effet le troisième intervalle cité, celui de quatre jours, aurait dû correspondre à un quadruplement des cas, donc soit le chiffre de 200 000 était surévalué soit celui de 300 000 quatre jours plus tard était sous-évalué. Sur le deuxième intervalle cité, celui de onze jours, le nombre de cas aurait dû croître de 25 c'est-à-dire être multiplié par 32, ayant déjà été multiplié par deux dès le troisième jour. Quant au premier intervalle cité, la table des puissances de 2 montre qu'un nombre qui double tous les deux jours atteint le chiffre de 100 000 vers le 33° jour, et le chiffre de

8,9 milliards le 66° jour. De toute évidence l'OMS ignore la date de la première contamination humaine, et de plus grande évidence encore la Chine a menti effrontément sur le nombre de cas même avant la mise en place du confinement drastique à Wuhan.

Dès le 5 février le Pr Neil Ferguson, vice-doyen de la faculté de médecine du Collège Impérial de Londres, a déclaré qu'il y avait de l'ordre de 50 000 nouvelles infections par jour en Chine (bien au-dessus du chiffre officiel), et un doublement des cas tous les cinq jours en dépit du confinement drastique. Quelques jours plus tard il ajouta qu'on n'en était qu'à une phase très préliminaire de ce qui s'annonçait déjà comme une pandémie mondiale, et un mois plus tard il publierait, avec son équipe de modélisation et conseil auprès de l'OMS, le rapport pourtant très modéré[12] qui changerait l'opinion du président Trump et le comportement du président Macron.

Le 11 février le Pr Gabriel Leung, directeur du département de médecine et santé publique à l'Université de Hong Kong et l'une des premières autorités chinoises à avoir dénoncé les silences du gouvernement sur la véritable extension de l'épidémie, déclara que cette dernière pourrait bien toucher entre 60 et 80% de la population mondiale.

Et le 13 février l'infectiologue Ira Longini, co-directeur du centre de statistiques des maladies infectieuses de l'Université de Floride et conseiller auprès de l'OMS, donna séparément (pour l'OMS) un pronostic similaire à

---

[12] Ce rapport pose par exemple l'hypothèse d'un doublement des cas tous les cinq jours alors que le rythme réel s'avéra ensuite être le double, et pour autre hypothèse l'immunisation des guéris pour la saison, qui s'avéra ensuite ne pas exister.

celui de Gabriel Leung. Après une étude poussée sur la virulence ou transmissibilité du virus, il a été amené à conclure que, à moins d'un changement dans sa transmissibilité, aucune mesure de contention (isolement et quarantaine étaient alors en vigueur en Chine) ne pourrait réellement arrêter sa propagation, et qu'il finirait donc inévitablement par toucher les deux tiers de la population mondiale. Il a d'ailleurs ajouté que même si la létalité de la maladie n'était que de 2%, hypothèse la plus basse acceptée, elle tuerait plus de cent millions de personnes.

Enfin, pour n'en citer que quatre, le 28 février le Pr Marc Lipsitch de l'Université de Harvard, expliquant la forte transmissibilité du virus par le grand nombre de porteurs sains ou longtemps asymptomatiques, a prédit la contamination de 40 à 70% de la population mondiale. Quelques jours plus tôt il avait dit, en pesant ses mots, qu'il pensait qu'on ne pourrait pas contenir cette épidémie.

Au fait, le rapport du Collège Impérial du 16 mars[13] précisait que les politiques de contention (*mitigation*) qu'il étudiait étaient supposées durer trois mois, d'avril à juin inclus (un mois de plus pour les personnes de plus de 70 ans), pour ramener vers le début septembre la sollicitation des lits de soins intensifs au niveau de leur capacité maximale de 8 (7,5 en France) pour 100 000 habitants. Les politiques d'éradication (*suppression*), elles, étaient supposées durer cinq mois, d'avril à août inclus, et verraient la fin de l'épidémie vers la fin mars 2021.

C'est cette étude qui prévoyait, en l'absence de toute politique de contrôle, 510 000 morts au Royaume-Uni et

---

[13] https://doi.org/10.25561/77482

2,2 millions aux États-Unis ("*sans compter l'effet de déstabilisation des systèmes de santé*") et fit réagir plusieurs gouvernements. Dans le meilleur des cas, avec l'ensemble des moyens de contention en place pour trois mois, il y aurait toujours près de 100 lits de soins intensifs occupés par tranche de 100 000 habitants (contre près de 300 sans intervention). Les diverses combinaisons de mesures étudiées dans ces simulations jouent sur l'isolation des contaminés, la quarantaine domiciliaire, la fermeture des établissements d'enseignement et la distanciation sociale (mesure la plus efficace prise seule). Contrairement à ce que les détracteurs et protestataires ont affirmé par la suite, l'arrêt total des activités professionnelles (*complete lockdown*) n'est ni recommandé ni même pris en considération par cette étude.

Et dans les deux cas, contention comme éradication, en l'absence de vaccin il est attendu un pic d'infection deux mois après la levée des mesures, un peu supérieur à ce qu'il aurait été, sans elles, six mois plus tôt, sauf relance des mesures dès un certain seuil considéré critique, par six fois jusqu'à la fin 2021. "*Pour éviter un rebondissement de la contagion, ces politiques devront être poursuivies jusqu'à ce que de grandes quantités de vaccin soient disponibles pour immuniser la population, peut-être dans dix-huit mois ou plus*". Bien qu'une telle politique puisse être régionalisée pour plus de flexibilité, notamment aux États-Unis, l'estimation pour une politique à l'échelon national comme au Royaume-Uni est que la distanciation sociale devrait être en place, par périodes, les deux tiers du temps jusqu'à la vaccination générale.

Ces politiques de contention ont pour objectif de ramener le taux de reproduction de l'épidémie aussi près que possible de 1, une situation où chaque infecté contamine une seule personne avant de cesser d'être contagieux. Ce n'est pas la fin de l'épidémie mais celle de son accélération, elle poursuit alors sa course dans la population mais le nombre de personnes infectées à tout moment reste constant (sauf si les infectés ne cessent jamais de l'être), si possible dans la limite des capacités de traitement lorsqu'un traitement existe. Et c'est effectivement ce qui s'est produit, dans la deuxième semaine d'avril plusieurs pays européens, ayant mis en place une telle politique à la mi-mars, ont approché ou atteint ce "plateau d'infection", à savoir un nombre de nouveaux cas (par jour ou par semaine) constant, la courbe d'expansion de l'épidémie ressemblant alors à une ligne droite horizontale. Tel est l'objectif qu'avaient annoncé certains politiciens réactifs, sous la désignation "d'aplatir la courbe", tandis que les politiciens pro-actifs ont d'abord cherché à différer l'arrivée du virus dans leur pays pour remettre à niveau le système de santé entretemps.

Dans sa première étude le Collège Impérial de Londres estimait l'incubation moyenne à cinq jours, la génération moyenne (temps entre la contagion reçue et la contagion donnée) à six jours et demi, et l'hospitalisation à cinq jours après apparition des symptômes. L'hospitalisation était nécessaire pour 4,4% des infectés et durait en moyenne dix jours et demi, les soins intensifs étaient nécessaires pour 30% des hospitalisés, et la moitié des malades en soins intensifs décédaient. Cela représentait donc un taux de létalité de 0,66% des infectés, tout cela dans le cadre d'un système de santé en fonctionnement normal.

Dans sa deuxième étude il estimait entre deux et trois semaines le délai entre la contagion et l'issue (décès ou guérison), en l'occurrence 19 jours des symptômes au décès, et à 1% le ratio de fatalité de l'infection. Ce dernier chiffre, le ratio de fatalité, n'est pas obtenu en résultat mais posé en hypothèse, ce qui peut certes être considéré optimiste au vu des données médico-légales et estimations cliniques disponibles, mais ne change rien à la pertinence des calculs concernant les taux de progression de l'épidémie et la saturation des capacités hospitalières, puisqu'à partir de la contamination d'un patient le délai est sensiblement le même pour les deux modalités de libération du lit de soins intensifs, à savoir décès ou guérison.

Le 30 mars Alexandre Loukachev, directeur de l'Institut Russe de Parasitologie Médicale et des Maladies Tropicales et Transmissibles de l'Université Setchenov de Moscou, expliquait que le coronavirus, se transmettant très facilement et étant déjà présent dans tous les pays du monde, ne disparaîtrait jamais mais resterait probablement avec l'humanité pour toujours.

La grosse inconnue technique qui reste est si le SARS-CoV-2 est une exception heureuse à la famille des coronavirus et peut faire l'objet d'un vaccin, ou si, comme les six autres, et comme semblent l'indiquer d'une part l'absence d'immunité individuelle après rémission et d'autre part le phénomène de facilitation de l'infection par les anticorps, aucun vaccin et aucune "immunité collective" naturelle ou suscitée n'est possible.

Une autre inconnue qui reste, plus politique et philosophique, est si un vaccin est nécessaire dans le cas où il serait biologiquement et techniquement possible, ce qui pose la question de la létalité du coronavirus. Enfin il reste l'inconnue de la volonté et de la capacité des pouvoirs politique et économique à imposer un vaccin, vrai ou faux, dans le cas où il ne serait pas nécessaire ou pas possible.

Mortalité et létalité

L'une des questions les plus importantes concernant le septième coronavirus est son taux de létalité. En effet, qu'il soit extrêmement contagieux et amené à toucher les deux tiers ou les trois quarts de la population mondiale ne serait absolument pas dramatique si sa létalité était, par exemple, trois fois moindre que celle de l'Helicobacter Pylori qui a réussi à affecter la moitié de l'humanité, et y est installé plus durablement qu'un éphémère virus grippal.

Du point de vue épidémiologique il est difficile de répondre avec certitude à cette question de la létalité en temps réel, surtout au moment de l'éclatement initial d'une maladie causée par un nouvel agent pathogène inconnu. Du point de vue politique il peut être sensible de répondre ou laisser répondre à cette question qui, s'agissant d'une menace vitale (ou non), est un révélateur de l'efficacité des gouvernements, voire de la pertinence des régimes.

Le monde entier aurait été mieux informé si on avait pu d'abord observer la dynamique spontanée de l'épidémie à la fois *in vivo* dans une population réelle et variée, et *in vitro* dans un microcosme isolé du reste du monde pour éviter les interférences extérieures. Ce microcosme a existé, sous la forme du paquebot de croisières Diamond Princess. Bien qu'il ne s'agît pas d'une société naturelle, cela aurait pu présenter un bon terrain d'observation à partir du début de la quarantaine, puisque comme en milieu urbain il y avait à la fois des interactions internes correspondant aux fournitures de services jusqu'aux cabines (alimentation en particulier), de courtes escapades avec "gestes barrières" et autres pratiques de "distanciation sociale", la division entre habitats individuels, cohabitations de couple et foyers familiaux, et le facteur de transmission aérienne par promiscuité de rue et de palier figurés par les ponts, coursives et corridors.

Il était donc facile de deviner que, en dépit de la connaissance du délai d'incubation supérieur à la durée de quarantaine annoncée, tous les pouvoirs lénifiants (politiques, économiques et médiatiques) pousseraient les autorités japonaises, dont l'incurie avait battu les records à Fukushima, à briser la quarantaine et donc le terrarium d'observation avant le terme dont tous redoutaient le résultat. Pourtant là trois semaines de plus auraient suffi à connaître le taux de létalité final d'une première vague en milieu simili-urbain. Déjà là, on a préféré briser le thanatomètre.

Le langage de l'épidémiologie et celui de la démographie ne sont pas très éloignés des définitions données par les dictionnaires. On appelle taux de mortalité la proportion de décès dans une population sur une période donnée, et taux de mortalité spécifique la proportion de décès due à un facteur spécifique sur la période en question. La population considérée est bien sûr celle du début de la période donnée, avant application dudit taux de mortalité (il en est de même pour le taux de natalité). On appelle taux de prévalence la proportion de présence d'un facteur spécifique dans une population, et taux de morbidité la proportion de personnes atteintes d'une affection particulière dans la population. Le taux de morbidité peut être inférieur au taux de prévalence puisqu'une portion de la population peut être soumise au facteur considéré mais ne pas en être affectée. Et on appelle taux d'incidence la proportion de nouvelles soumissions à un facteur considéré dans une population sur une période donnée. Enfin, on appelle taux de létalité la proportion de décès dans la fraction de population soumise à un facteur considéré sur une période donnée.

Les chiffres chinois officiels n'ont plus beaucoup de fidèles, mais par contre le langage de présentation de ces chiffres a été immédiatement et largement repris par la presse du monde entier, puis plus gravement par l'OMS. Certes la presse qui diffuse dans le monde entier les communiqués des trois grandes agences de presse des membres de l'OTAN a montré depuis plus de vingt ans avoir perdu tout esprit critique et toute culture générale, confondant billions d'échelle courte étatsunienne et billions d'échelle longue européenne, *decade* en anglais et décade en français, plaçant l'Inde dans l'hémisphère sud ou le Guatemala en Amérique du Sud et autres fautes linguistiques ou cosmogoniques dues à la traduction hâtive par Google de communiqués étatsuniens. Mais après des semaines puis des mois de matraquage intensif, systématique et universel de la même erreur il faut conclure à une politique intentionnelle et coordonnée, comme pour, exemple pas très vieux, l'insistance à nommer fallacieusement *White Helmets* ou Casques Blancs une organisation impossible à confondre avec celle reconnue sous ces noms par des dizaines de résolutions de l'ONU. Non, "*ils l'ont dit à la télé*" n'est décidément pas une assurance de vérité.

La Chine a donc lancé la pratique de faire suivre le nombre cumulé de morts à une certaine date par le nombre de cas connus à la même date, afin de relativiser le premier. Mais la mortalité provisoire en valeur absolue ne saurait être rapportée à la prévalence du même jour, à plus forte raison dans le cas d'une épidémie encore en cours, et qui plus est en phase croissante, raison pour laquelle on calcule habituellement la mortalité d'une épidémie seulement après sa conclusion. De même, calculer une fausse "mortalité" en rapportant le nombre de morts du jour au nombre de nouveaux infectés du jour (dont on ignore l'issue à terme), est tout autant fallacieux.

Par exemple le gouvernement français, repris en chœur par toute la presse, a annoncé le 3 mars[14] "un 4° décès en France sur 204 cas confirmés", ce qui incite à déduire un petit 2% (pas que certains journaux ont immédiatement franchi), qui est tout sauf un taux de létalité. Car le virus ne tuant pas en huit jours, les quatre malheureux étaient déjà malades le 24 février, donc il fallait rapporter ces quatre morts aux douze cas connus au 24 février, avant la petite (en valeur absolue) augmentation du 25. Évidemment ce n'est pas une base suffisante pour élaborer des statistiques mais ce 33% était plus proche du taux de létalité italien de l'époque (sur des chiffres plus conséquents) qu'un mensonger 2% destiné à endormir le bon peuple.

D'ailleurs si l'on remonte le nombre vraisemblable de contaminés, qui double tous les trois jours, selon ce taux de progression, pour avoir deux cent quatre cas le 3 mars il devait y en avoir de l'ordre de cent deux le 1er mars, cinquante et un le 28 février, vingt-cinq le 26 et de l'ordre de treize le 24… ce qui correspond pratiquement au décompte officiel (douze). De toute évidence les quatre morts annoncés le 3 mars ne faisaient pas partie des cent deux derniers infectés des 1er et 2 mars, dont le sort (décès ou guérison) ne serait connu que deux à trois semaines plus tard, mais ils étaient certainement déjà contaminés (et bien

[14] En relisant ces lignes quatre mois plus tard cela paraît très lointain.

malades) avant le 25 février, qu'ils aient alors été détectés ou pas. En réalité on sait bien qu'il y avait, en France au 24 février, plus de cas de contamination que les douze confirmés, et on sait bien aussi qu'il y avait, au 3 mars, plus de décès par coronavirus que les quatre qui lui ont été formellement attribués, mais le choix des chiffres officiels lorsqu'ils étaient encore anecdotiques permet d'exposer facilement le caractère fallacieux et syllogique du discours dominant sur une mortalité apparente et fausse, qui occulte la véritable létalité.

À partir de la manifestation des premiers symptômes il faut de l'ordre de deux à trois semaines pour expirer, ou trois semaines et demie pour guérir complètement, soit dans un cas comme dans l'autre une issue, heureuse ou malheureuse, de trois à cinq semaines après la contamination. C'est d'ailleurs ce que montrent les statistiques italiennes (les premières occidentales et crédibles), dont la courbe des décès, depuis le début, suit de quatre semaines la courbe des cas confirmés, à une autre échelle heureusement mais selon la même pente.

Après la fin d'une épidémie, lorsqu'il n'y a plus de nouvelle contamination et que l'on connaît le nombre définitif de décès et le nombre total d'infectés, on peut enfin calculer un taux de létalité réel. C'est ainsi que l'on a établi que le virus responsable du Syndrome Respiratoire Aigu Sévère (ou SRAS), ancêtre du Covid-19, avait tué un infecté sur dix, que le virus responsable du Syndrome Respiratoire du Moyen-Orient (ou SRMO) avait tué un infecté sur trois, et que celui de la grippe H5N1 avait tué deux infectés sur trois. Heureusement l'un comme l'autre ont pu être circonscrits très rapidement, car cette famille de coronavirus ne s'inscrivait décidément pas, jusqu'à présent, dans l'ordre de grandeur d'un ou deux décès sur cent contaminés.

Date parmi d'autres, le 5 mars la Chine a annoncé que 65% des infectés par le coronavirus avaient guéri et quitté l'hôpital. Plus précisément 80 409 personnes auraient contracté le virus, 52 045 auraient guéri, 3012 seraient décédées et 25 352 seraient encore hospitalisées. Si l'on rapporte le nombre de décès au total de personnes qui n'étaient plus hospitalisées, cela faisait un taux de létalité officiel de 5,5%, mais dont la vraisemblance doit inévitablement être corrélée avec la crédibilité de tous les chiffres officiels chinois.

Si les chiffres chinois n'ont très vite été ni crédibles ni plausibles, plusieurs pays occidentaux ont atteint en mars un nombre de cas, et malheureusement aussi un nombre de décès, suffisant pour établir des statistiques, à condition évidemment que le gouvernement ait choisi la transparence en la matière. C'est le cas de l'Italie, un pays comparable en bien des points aux autres pays occidentaux développés, et qui, compte tenu de l'attitude de déni adoptée par le gouvernement français, a d'abord fait figure de premier pays européen contaminé, tant en termes chronologiques que numériques, avant d'être dépassé en termes numériques par l'Espagne, puis par le Royaume-Uni.

Certes quelques semaines plus tard les États-Unis ont officiellement dépassé tous les pays en termes numériques (les chiffres officiels chinois étant massivement minorés), mais avec des disparités telles, y compris en matière de langage, qu'il était difficile d'harmoniser les données au sein de ce pays, et donc à plus forte raison de les comparer avec d'autres ou d'en tirer des conclusions utilisables. Les mêmes remarques s'appliquent au Brésil, qui a emboîté le pas aux États-Unis avec un mois de retard.

Il était évident qu'un gouvernement aussi matérialiste et cynique que celui de la Chine n'avait pas pris des mesures supérieures à celles indiquées pour la peste, et totalement arrêté la marche du pays, pour satisfaire son opinion publique ou un marchand de vaccins. En l'occurrence le gouvernement chinois avait classé la maladie dans la catégorie de gravité B mais avait pris en janvier les mesures correspondant aux maladies de gravité A (peste et choléra), et même des mesures plus drastiques que ce qui est adopté aujourd'hui dans le monde entier en cas de choléra, qui n'avaient pas été vues en Europe depuis le XIV° siècle.

Aussi le gouvernement italien, qu'il ait été averti par le gouvernement chinois ou qu'il ait simplement observé les réactions de celui-ci, a pris en considération que ce nouveau virus était apparu comme extrêmement létal en Chine, et c'est la raison pour laquelle il a pris des mesures si drastiques qu'on n'avait jamais vues auparavant, sauf en Chine en janvier 2020. L'Italie, contrairement à la France deux semaines plus tôt, a donc compris que l'affaire était sérieuse. Les trois morts et quelques dizaines de contaminations du 22 février annonçaient le début d'une épidémie locale dont le gouvernement italien connaissait manifestement la gravité.

Le 20 février on a découvert un premier cas en Lombardie, Mattia Maestri (qui serait admirablement soigné jour et nuit par le Dr Raffaele Bruno cité en dédicace), puis grâce à lui on en découvrit cinq autres le lendemain 21, ces premiers cas de transmission locale amenant la municipalité de Codogno à fermer immédiatement tous les lieux recevant du public, pour une semaine. Au cours des heures suivantes on découvrit huit cas de plus, et c'est alors que le ministre italien de la santé décréta (avec leur accord) l'isolement de dix villes de Lombardie et une de Vénétie. Le 22 un premier malade décéda en Vénétie, puis un deuxième en Lombardie, puis un troisième, tout cela en l'espace de quelques heures, tandis qu'en multipliant les dépistages on trouvait deux cents infectés. Deux morts de plus le 23, encore deux le 24, quatre le 25 sur trois cent vingt-deux infectés, ont confirmé la pertinence des décisions de cloisonnement géographique et de quarantaine de la population.

Le 7 mars le gouvernement a décidé d'isoler (sans assignation à domicile) quatre régions nordiques, mais une fuite journalistique a précipité le retour d'une dizaine de milliers de touristes vers le reste du pays, obligeant le gouvernement à étendre le cloisonnement à toute l'Italie le 9 mars (le nombre de victimes avait encore bondi d'un quart depuis la veille, approchant le demi-millier). Pour mémoire, ce cloisonnement interdisait de quitter sa commune sans raison mais ni d'aller travailler ni de se réunir au restaurant. C'est l'explosion des cas dans la totalité du pays, conséquence de la brèche du 7, qui a obligé le gouvernement à assigner tout le monde à domicile le 11 mars.

Contrairement à son homologue français deux semaines plus tôt, le gouvernement italien n'a pas lésiné sur les dépistages, qui jour après jour montraient une létalité de plusieurs morts par centaine d'infectés.

Deux semaines et deux jours après son premier mort, le 9 mars l'Italie a annoncé un total cumulé de 463 décès et 724 guérisons, ces 463 décès sur 1187 cas résolus faisant 39% de décès. On ne prend pas là en compte les huit milliers de cas dernièrement infectés dont on ne connaîtrait le sort que plusieurs semaines plus tard. Au fur et à mesure de la multiplication du nombre de cas confirmés, et donc de la base statistique permettant d'assurer les calculs, ce taux est d'un jour sur l'autre resté constant, même lorsque le pays a vu son nombre total de cas résolus multiplié par presque quarante, en un mois. Au 8 avril l'Italie avait enregistré un total cumulé de 17 669 décès et 26 491 guérisons, ces 17 669 décès sur 44 160 cas résolus faisant 40% de décès. On ne prend pas là en compte la centaine de milliers de cas récemment infectés dont on ne connaîtrait le sort que plusieurs semaines plus tard.

Le taux de létalité officiel (bien que non publié) en Italie était donc depuis un mois de l'ordre de 40%, ou quatre morts pour six guéris. Un mois et demi après le cloisonnement généralisé, le ralentissement du rythme d'expansion de l'épidémie a permis une récupération relative du système de santé entraînant une baisse progressive de la létalité, qui semble s'être stabilisée depuis début mai entre 15 et 20%. Au 3 juin l'Italie avait enregistré un total cumulé de 33 601 décès et 160 938 guérisons, ces 33 601 décès sur 194 539 cas résolus faisant 17% de décès. Pour sa part, dans son travail[15] immédiatement numéro un des ventes sur Amazon, le Pr Christian Perronne donne encore des taux de létalité de 3% pour le Maroc, 5% pour le Portugal, 6% pour les États-Unis et le Brésil et 20% pour la France, en raison bien sûr de l'interdiction du sulfate d'hydroxychloroquine.

En vérité toutefois, ce taux de létalité parmi les infectés confirmés peut être trompeur. Tant qu'il n'est pas effectué de dépistage exhaustif de la population, il ne peut être exclu qu'il y ait cinq ou dix fois plus de personnes déjà infectées, soit sans symptômes soit avec des symptômes bénins. Et en effet, plusieurs études épidémiologiques

---

[15] Christian Perronne, *Y a-t-il une erreur qu'ils n'ont pas commise ? Covid-19 : l'union sacrée de l'incompétence et l'arrogance*, Albin Michel, 2020.

semblent indiquer qu'une grande proportion (très disparate selon les études) de personnes infectées ne présentent aucun symptôme ou des symptômes légers, et ne sont pas détectées. Dans ce cas c'est par rapport à la population infectée totale, détectée ou pas, qu'il faudrait calculer un taux de létalité.

Si le virus est plus facilement transmissible qu'on l'estimait, sa prévalence peut avoir atteint plus tôt qu'on le pensait des niveaux relativement importants. Le 1er avril Guido Marinoni, président de l'ordre des médecins de Bergame, a déclaré que dans cette province, en tenant compte des symptômes cliniquement constatés hors tests de dépistage, le nombre de contaminés était dix fois supérieur aux chiffres officiels limités au secteur hospitalier, selon un sondage effectué auprès des médecins par leur ordre professionnel. D'après lui 10% de la population du nord de l'Italie était déjà contaminée au 1er avril. Or parallèlement l'étude du Collège Impérial de Londres publiée le 30 mars estimait qu'au 28 mars 9,8% de la population italienne avait été contaminée, soit de l'ordre de 6 millions de personnes.

Ce type d'estimations ne pourra être confirmé que par des campagnes de dépistage menées rapidement sur de larges populations, voire exhaustivement. En effet mener un dépistage très partiel, par exemple de quelques milliers de tests par semaine, ne permet pas d'avoir une vision instantanée de la situation (et pas non plus une vision dynamique), car les résultats positifs du contingent de la troisième semaine de dépistage auraient très bien pu avoir été négatifs s'ils avaient été testés en même temps que le premier contingent trois semaines plus tôt, et avoir été contaminés entretemps.

Nonobstant, les chiffres publiés par l'université

Johns Hopkins[16] apportent un éclairage complémentaire, erroné mais intéressant. Son centre d'études épidémiologiques rapporte le nombre cumulé de morts à une certaine date au nombre de cas détectés à la même date. Comme on l'a montré plus haut c'est une démarche fallacieuse puisqu'elle rapporte le nombre de morts non pas seulement au nombre de cas résolus (morts et guéris) mais à un total incluant aussi les contaminés de la veille, récemment entrés en observation ou en traitement et dont le sort ne sera connu que trois semaines plus tard.

Ce biais est rédhibitoire, car conceptuellement sous-estimatif, dans les pays où l'épidémie est encore en phase croissante avec une augmentation du nombre de contaminations quotidiennes. Mais l'erreur est moins gênante dans les pays qui, ayant réussi à maîtriser le rythme d'expansion de l'épidémie, font face à un nombre stabilisé de contaminations quotidiennes, ce qui est le cas des pays européens qui ont mis en place les mesures de contention. Dans le cas de l'Italie, l'université Johns Hopkins détermine un taux de fatalités (elle ne l'appelle pas létalité) de 14,4% à la date du 9 juillet, en ajoutant évidemment aux 228 904 cas résolus les 13 459 cas pendants, ce qui est une erreur acceptable à ce stade mûr de l'épidémie où 94% des cas connus sont résolus, proportion qui restera stable tant que le rythme d'expansion de l'épidémie restera contrôlé.

Comme les raisonnements ci-dessus permettent de s'y attendre, Johns Hopkins trouve un taux de fatalités très inférieur dans les pays encore en phase d'accélération de l'épidémie, comme les États-Unis et le Brésil, où donc l'assimilation fallacieuse des (chaque jour plus nombreux)

---

[16] https://coronavirus.jhu.edu/data/mortality

cas récemment détectés à des cas guéris fausse sérieusement le calcul du taux de fatalités[17]. Mais ce qui est intéressant, c'est que cet institut trouve un taux du même ordre de grandeur pour tous les pays européens qui, à plus ou moins une semaine de décalage entre eux, ont réussi à contrôler le rythme d'expansion de l'épidémie. En l'occurrence, à la date du 9 juillet (mais la similitude était déjà constatable depuis début mai) il annonce 14,4% pour l'Italie, 14,5% pour la France, 15,5% pour le Royaume-Uni, 15,7% pour la Belgique et 11,2% (seul écart notable) pour l'Espagne. L'Italie ayant une létalité exacte de 15,26% (en excluant du calcul les cas en cours) et les chiffres des pays voisins étant cohérents entre eux, on peut extrapoler leur létalité en ajoutant un demi à un point à ces chiffres.

Pour sa part l'équipe du Lab24, qui collationne un baromètre quotidien[18], ajoute à ces données celles du nombre de dépistages réalisés, que leur résultat soit positif ou négatif. En début d'épidémie cette donnée n'a pas de valeur statistique, puisque dans les pays gouvernés on teste d'une part les cas soupçonnés d'après leurs symptômes et d'autre part les cas potentiels d'après leurs contacts avec des cas avérés, pour prendre les décisions de conduite relatives au traitement ou à l'isolement. La donnée est encore moins pertinente dans un pays pratiquant la politique du déni en interdisant de tester des personnes asymptomatiques, voire en refusant de distribuer des tests au corps médical.

---

[17] Pour la première décade d'avril elle attribuait à l'Italie 13% de fatalités, alors que le taux de décès sur l'ensemble des cas résolues était de 40%.

[18] https://lab24.ilsole24ore.com/coronavirus/

Mais dès lors que le dépistage est administré indistinctement à une région entière, ou à une portion significative de sa population, il prend une valeur statistique. Certes ces dépistages non simultanés mais étalés dans le temps indiquent le nombre cumulé de personnes qui ont été contaminées, qui peut être supérieur à la prévalence finale si certaines ont cessées d'être réactives après leur test positif, dans le cas où les anticorps disparaissent effectivement au bout d'un mois. En l'occurrence, à la date du 9 juillet l'Italie avait pratiqué 5,8 millions de dépistages (près d'un dixième de sa population), dont seulement 4,17% se sont révélés positifs. En Lombardie, région la plus touchée et objet du cinquième des dépistages, on a dépisté plus de 11% de la population et 8,5% des testés se sont révélés positifs.

L'hypothèse d'une surestimation du taux de létalité par ignorance d'une multitude de cas asymptomatiques est donc confirmée. Effectivement la très grande majorité des cas de Covid-19 sont asymptomatiques et ne seraient pas connus sans le dépistage, mais dès lors qu'on effectue un dépistage aléatoire (et pas ciblé) sur une portion comme un dixième de la population, on obtient une assez bonne représentation de la prévalence de l'épidémie. Si au 9 juillet 4,17% de la population italienne totale est infectée, cela fait de l'ordre de deux millions et demi de personnes (2 518 680), au lieu du chiffre officiel de 242 363 contaminés.

Dès lors tant le taux de létalité de 15,26% que l'on pouvait calculer sur le nombre de cas résolus (décès plus guérisons) que le taux de fatalités de 14,4% que calculait l'université Johns Hopkins sur le nombre de cas déclarés (décès plus guérisons plus cas en cours) sont faux, du fait que 2,27 millions de cas asymptomatiques restent indétectés, soit 90% des cas. Le véritable taux de létalité du coronavirus se détermine en rapportant le nombre connu de décès au nombre estimé de contaminés, asymptomatiques inclus. D'après le nombre de décès officiel, et alors que plus de 4% de la population est infectée (une base statistique solide), ce taux de létalité est de 1,4%, ou plus précisément 1,39%.

Si l'on ajoute que d'après de nombreuses autorités médicales (dont Guido Marinoni) un tiers des décès, notamment intervenus dans les maisons de retraite[19] et à domicile, ne sont pas comptabilisés, ce taux de létalité peut être de l'ordre de 2%. Cela reste bien inférieur au SRAS, mais bien supérieur à la grippe. Si 70% de la population italienne doit à terme être touchée, comme l'assurent les épidémiologistes, cela peut faire entre 840 000 et 1 260 000 morts. On peut supposer que les autres pays développés avec un système de santé équivalent, donc le reste de l'Europe occidentale, est sujette au même taux de létalité. Pour les États-Unis, la même létalité de 1,4 à 2% tuerait entre 3,2 et 4,6 millions de personnes[20]. Et si la totalité de la population est touchée par impossibilité d'atteindre la fameuse immunité collective, faute d'immunité individuelle (naturelle ou vaccinale) simultanée de 70% de la population, il faut compter sur 840 000 à 1 200 000 morts en Italie et 4,6 à 6,6 millions aux États-Unis.

La létalité d'une affection dépend de plusieurs facteurs, notamment la sévérité de l'atteinte et l'efficacité

---

[19] Au 1er avril les maisons de retraite du nord de l'Italie avaient déjà perdu un pensionnaire sur dix.

[20] Les travaux du Collège Impérial de Londres, dont les extraits communiqués aux gouvernements le 12 mars ont précipité leurs décisions, n'étaient donc pas extravagants.

des soins. Le Covid-19 provoque un grand nombre d'altérations de divers organes et fonctions, et il paraît qu'on en découvre sans cesse de nouvelles parfois sans rapport avec la pneumonie qui semblait caractériser cette maladie lorsqu'on a commencé à la décrire spécifiquement. Les premiers traitements appliqués se concentraient sur la détresse respiratoire engendrée par la pneumonie sanguinolente. On place alors le malade en état grave sous respirateur mécanique, en état de coma induit, et sous dix à quinze jours le malade décède ou guérit. En Europe la moitié des patients soumis à ce traitement intensif de dernière extrémité décèdent[21], à New York sur le mois de mars neuf sur dix soumis à ce traitement sont décédés (88%).

À prise en charge apparemment équivalente, et sans entrer ici dans les considérations de performance du corps médical (pas en termes de compétences mais d'effectifs et d'épuisement) qui jouent également, il peut y avoir une différence de résultat selon le moment auquel ce traitement est appliqué, et l'état des patients qui y accèdent. En l'occurrence il n'est pas impossible que les capacités de New York aient été encore suffisantes en mars pour que le traitement ait été offert sans discrimination à tous les cas graves. Or déjà début mars ce n'était plus le cas en France et en Italie, où l'on triait les patients pour ne prendre en charge que ceux ayant le plus de chances de survivre.

Il faut aussi distinguer entre létalité incompressible et létalité réductible. Une partie des décès imputés au coronavirus est due en fait à la saturation et l'épuisement du

---

[21] D'après Le Monde du 26 avril, 30 à 40% des patients placés en réanimation décèdent.

système hospitalier où arrivent (ou que n'atteignent pas) les cas graves. C'est pour cela que les politiciens, dans leur langage simpliste et démagogique censé attester qu'ils se sont faits montrer des graphiques par des scientifiques, visent "l'aplatissement de la courbe". Cet étalement dans le temps de la demande de soins conduit à une létalité constante, en principe inférieure, à peu près incompressible toutes choses restant égales par ailleurs. Telle est du moins l'une des politiques possibles, consistant à mieux répartir l'offre de soins, parfois après l'avoir améliorée par l'équipement en lits de soins intensifs supplémentaires ou l'achat de respirateurs, comme l'ont fait certains pays après avoir retardé l'arrivée du virus en fermant leurs frontières.

Une autre politique possible consiste à diminuer la demande de soins, comme l'a fait la France par le rivotriage en amont. En ne prenant médicalement en charge que les cas les plus favorables, à l'opposé de ce qui a été fait à New York, on augmente le taux de succès de la prise en charge, donc on réduit la létalité apparente directe du virus (ou plutôt la létalité de la prise en charge médicale) puisqu'on transfère une part de létalité sur le rivotriage en amont. En réalité on augmente la mortalité totale (moins visible), puisque la prise en charge hospitalière laisse une chance de survie alors que le Rivotril n'en laisse aucune aux patients auxquels on a décidé de l'administrer.

Ce n'est qu'après la fin de l'épidémie, ou de sa première vague, qu'on pourra véritablement se pencher sur les chiffres et taux de mortalité, ainsi que sur la surmortalité par rapport aux années antérieures, dont une partie sera due à la létalité propre du virus, et une autre partie aux décisions politiques en matière de démantèlement hospitalier, de distribution temporelle des cas, ou d'élimination des patients potentiels. Par exemple le report, pour cause ou crainte d'engorgement hospitalier, d'interventions vitales, qu'il s'agisse de chirurgies ou traitements planifiés (oncologie) ou d'urgence (accidents), a induit une surmortalité réelle, mais non directement imputable au Covid-19 car elle aurait pu être causée aussi bien par des grèves, une guerre ou l'effondrement du réseau électrique.

On dispose aussi de données intéressantes sur un pays européen très semblable sur le plan social et économique à la France et à l'Italie, bien que plus petit et moins peuplé, et donc plus propice à une observation générale de la population. Il s'agit de la Belgique, qui affiche honnêtement une mortalité proportionnellement supérieure aux autres pays européens, en l'occurrence presque le double de la mortalité française et le décuple de la mortalité allemande. Il ne s'agit là que de chiffres, et leur différence s'explique aisément en dépit de réalités vraisemblablement similaires. La Belgique a décidé, contrairement à la France, de compter les morts en maisons de retraite, dès le début et sans chercher à sous-estimer ou cacher les chiffres.

De plus, et pour corroborer le décompte opéré sur la base du diagnostic (par les symptômes sinon systématiquement par biopsie) des personnes décédées, le gouvernement belge procède aussi à une comparaison entre la mortalité quotidienne toutes causes confondues de cette année avec celle des années précédentes. Lorsque le pays semblait avoir, en six semaines de mesures de contention, atteint la phase de plateau de la contamination, la mortalité quotidienne était en moyenne de 600 décès au lieu de 300 habituellement à la même période de l'année, soit un doublement que les démographes n'ont pu attribuer à aucune autre cause exceptionnelle que le Covid-19.

Cette mortalité supplémentaire est donc loin d'être mineure, et les démographes calculent (abusivement) que pour une population de 11,5 millions d'habitants cela fait 9,5 ‰, comme la mortalité habituelle, ou neuf décès et demi par an pour mille habitants, soit un tiers de moins que le taux de létalité que l'on a déterminé plus haut pour l'Italie. Des données parcellaires confortent les statistiques belges, à savoir pour avril une surmortalité de 66% en Espagne, de 80% en Équateur, de 100% (comme en Belgique) à Paris et de 200% (trois fois les décès habituels) à New York. Tout cela n'est pas attribué au coronavirus, par exemple lorsque le Royaume-Uni annonçait 17 337 morts il comptait déjà 41 000 décès de plus que les autres années à la même date.

La Belgique arrive à ce résultat apparemment stabilisé sans même occuper la moitié de ses lits en soins intensifs (occupés à 45%). Sachant que la moitié des patients en soins intensifs terminent par décéder, cela pourrait signifier que si toute la capacité en soins intensifs était sollicitée la mortalité serait plus que doublée. Et si l'on ajoute que la non-saturation de la capacité en soins intensifs est un signe de l'intégrité du système de santé, qui n'a manifestement pas été débordé voire durablement endommagé comme en Italie et en France, on peut en déduire que la vraie surmortalité dans les pays débordés est (ou a été) certainement bien plus du double de ce qu'elle est en Belgique.

Ici il n'est pas inutile de rappeler que cette surmortalité de 9,5 ‰ constatée en Belgique, et de 20 ou 25 ‰ supputée en France et en Italie pendant le pic, n'est par un taux de létalité final mais de mortalité temporaire, puisque seulement une fraction de la population de ces pays a été contaminée jusqu'à présent : les 300 morts par jour en Belgique ne sont pas un pourcentage de la population belge totale, mais un pourcentage de la fraction belge contaminée, alors que la mortalité pour 2019, à savoir 9,5 ‰ en Belgique ou 9,1 ‰ en France, est un taux final calculé avec les décès d'une année complète et terminée. En d'autres termes, l'épidémie étant certes stabilisée (nombre de nouveaux cas constant) mais pas arrêtée, il continue de mourir des patients et la surmortalité due au Covid-19, par rapport à une année ordinaire, continue de s'élever.

De la même manière, les chiffres officiels temporaires (ils seront corrigés ultérieurement) en France affichent un total de 129 000 décès toutes causes confondues pour les mois de mars et avril, contre 102 800 pour la même période de 2019, soit une surmortalité de 26 200, ou 25,5% par rapport à l'année dernière. Cette surmortalité de 26 200 pour 61 jours représenterait 156 800 décès sur une année entière. Cependant, selon les calculs du Dr Jacques Battistoni, président du syndicat de médecins généralistes MG (qui a conduit un sondage auprès des médecins de ville), cette surmortalité est très sous-évaluée et doit être corrigée d'au moins 50%. Cela signifierait une surmortalité de près de 40 000 décès en mars et avril, ou 135 000 en rythme annuel.

Quant à la létalité, dans le détail elle n'est pas une donnée intrinsèque à un agent pathogène mais elle est plutôt relative à une interaction entre cet agent et ses hôtes, comme le montrent des taux fort différents entre deux segments de la même population, par exemple deux classes d'âge différentes, comme dans le cas du coronavirus qui tue surtout les vieux ou de la dengue qui tue surtout les enfants. Par ailleurs la létalité n'est pas une donnée constante, surtout dans le cas d'une maladie nouvelle et inconnue. En effet la découverte et l'application de traitements permet de réduire, et parfois considérablement, la létalité initiale d'une affection.

Il semblerait justement que le Covid-19 ne soit plus aussi létal en juin qu'il l'était en mars. Cela est indiscutablement dû au Pr Didier Raoult, d'ailleurs inspiré par une expérimentation chinoise précoce et peu diffusée, mais manifestement aussi connue du ministre Agnès Buzyn en décembre, quand la Chine cachait l'épidémie. Les résultats annoncés le 16 mars par Didier Raoult, autorité mondialement respectée en infectiologie, ont été immédiatement commentés dans la communauté scientifique du monde entier, qui attendait ses résultats depuis trois semaines.

Dès la publication de son rapport écrit, le 18 mars, le gouvernement anglais a interdit l'exportation de la moindre molécule de sulfate d'hydroxychloroquine produite au Royaume-Uni, et le lendemain 19 le président Trump a annoncé qu'un traitement prometteur avait enfin été trouvé. Dans les jours suivants de nombreux pays suivirent l'exemple du Royaume-Uni, comme le 25 mars la Hongrie, l'un des premiers exportateurs d'hydroxychloroquine, et l'Inde, qui l'administrerait en mai au personnel soignant et aux forces de l'ordre à titre prophylactique. À peine une semaine après la publication de Didier Raoult, plusieurs pays annonçaient déjà des résultats positifs grâce à l'administration de son traitement dès les premiers symptômes, dont l'Italie, la Belgique, les Pays-Bas, les États-Unis, l'Iran, l'Inde, la Corée du Sud…

Plusieurs infectiologues ont ensuite amendé ou amélioré ce traitement, dont le Dr Vladimir Zelenko rapidement en mesure, compte tenu de l'explosion de l'épidémie à New York, d'annoncer des résultats spectaculaires et statistiquement représentatifs. Il y a indubitablement un traitement très efficace à condition de suivre le protocole de Didier Raoult, même si, immédiatement, il a été pénalement interdit dans son pays.

En fin de compte, si le taux de létalité était de l'ordre

de 40% lorsqu'il n'y avait que quelques dizaines de milliers de cas connus (hors Chine) puis de l'ordre de 1,5 à 2% lorsqu'il y a eu des millions de cas détectés ou pas dans un pays, c'est pondéralement ce dernier taux qui contribuera le plus à la définition du taux sur la durée, et donc à la mortalité totale de l'épidémie. Et la mortalité finale visible, sauf à y ajouter celle du rivotriage, a bien été réduite par le cloisonnement (inutilement poussé jusqu'au domicile) qui a allégé la congestion des services médicaux.

Ainsi, sur désormais des dizaines de millions de contaminations détectées ou extrapolées, le coronavirus affiche un taux de létalité directe de l'ordre d'un à deux points de pourcentage, et un taux de létalité indirecte variable selon les décisions politiques. Ce n'est donc finalement pas, comme la létalité initiale pouvait le faire craindre, la peste dite noire du milieu du XIV° siècle, et encore moins la variole qui a tué plus de neuf Américains sur dix au XVI° siècle. Cependant, en termes de mortalité, lorsque la prévalence du début des déconfinements aura été décuplée (voire plus en cas d'impossibilité d'immunité collective), le coronavirus aura tué autant qu'une guerre mondiale[22].

---

[22] Les deux guerres mondiales ont tué respectivement 1,1 et 2,5% de l'humanité.

Fonte du capitalisme

Comme on l'écrivait le 9 février, "*le coronavirus de Wuhan a eu une conséquence positive très visible pour les marchés de spéculation financière* [...] *dans un monde où l'économie financière dépasse désormais le centuple de l'économie physique, les toussements de celle-ci sont sans effet sur la marche des marchés*"[23]. Mais on ne s'attendait tout de même pas à ce qui allait suivre.

Évidemment les gouvernements des pays riches, ceux qui n'ont pas de difficulté à vendre leurs emprunts, ont lancé de grands programmes de soutien à la partie du tissu économique visible depuis les fenêtres des ministères, à savoir les très grandes organisations comme on le verra plus loin. Ceux qui ont transféré leur souveraineté économique, monétaire et budgétaire à un échelon supranational, même s'ils ont mis du temps à s'accorder sur une aide coordonnée à cet échelon, ont su rapidement suspendre leurs règles communes en matière de déficit budgétaire, taux d'endettement etc. Mais ce qui était moins prévisible, c'est que le gouvernement qui imprime sa monnaie à volonté, avec la ferme conviction que son pouvoir d'achat à l'étranger est sans rapport avec l'état de l'économie interne, déciderait de racheter l'ensemble de l'économie cotée en

[23] http://stratediplo.blogspot.com/2020/02/consequences-economiques-duvirus-de.html

bourse du pays, ni plus ni moins.

Fin 2019 les cinq principales banques centrales, à savoir la Réserve Fédérale étatsunienne, la Banque Centrale Européenne, la Banque du Japon, la Banque d'Angleterre et Banque Nationale Suisse, avaient au total déjà racheté pour treize mille milliards (treize trillions en échelle courte) de dollars de prétendus "actifs" (en réalité passifs) financiers depuis la faillite de la banque Lehman en septembre 2008. Or, au mois de mars 2020 elles se sont engagées pour douze mille milliards cette année, à savoir cinq mille milliards de stimulus fiscaux et sept mille milliards de liquidités, en plus de réduire frénétiquement leurs taux directeurs d'intérêt, pour la plupart pas encore nominalement négatifs (bien qu'inférieurs au taux d'inflation). Aux États-Unis cela représentait 7,5% du PIB, et au niveau mondial 3,75%. Déjà à la mi-mars, la Deutsche Bank avertissait que cet épandage "par hélicoptère" venait de semer les graines de l'hyperinflation.

Les banques états-uniennes avaient annoncé qu'il leur faudrait 700 milliards de dollars pour absorber des défauts de paiement représentant 5% des 14 000 milliards d'emprunts hypothécaires résidentiels et commerciaux. Les États-Unis ont annoncé d'abord un programme d'aide gouvernementale de 850 milliards, puis 1000, puis 1200, puis 1300. Finalement (pensait-on alors), le 28 mars le président Donald Trump a signé la loi de stimulation fiscale dite d'aide, allègement et sécurité économique liée au coronavirus ("*CARES act*"), d'un montant total de 2000 milliards de dollars dont 290 (14,5%) destinés à la population, et 454 milliards destinés à la banque fédérale afin qu'elle puisse prêter dix fois plus, soit 4540 milliards (par effet de levier couvert à 10%) aux intérêts financiers nécessiteux.

Confondant monnaie et richesse, la presse appela ça le plus gros transfert de richesse de l'histoire des États-Unis (et du monde). On annonça que 2000 milliards représentaient 10% du PIB des États-Unis, donc après transformation en 6086 milliards (car tel est bien le total de l'enveloppe) cela représentait 30% du PIB, ou plus si ce dernier baissait en 2020 par rapport à 2019. Pour reprendre le résumé de Michael Feroli, chef économiste de la JPMorgan Chase, dans les faits la Réserve Fédérale est passée de prêteur de dernier ressort pour les banques à banque commerciale de dernier ressort pour toute l'économie (qui, à ses yeux de banquier, se limite aux fonds et entreprises cotés en bourse).

Justement le 20 mars les banques JP Morgan Chase et Goldman Sachs avaient respectivement pronostiqué une chute de 14 et 24% du PIB pour le deuxième trimestre, et le surlendemain la Réserve Fédérale de Saint-Louis, par la voix de son président James Bullard, avait annoncé un bond du chômage à 30% (50 millions de chômeurs) et une division par deux du PIB, soit deux fois plus qu'au pire moment de la grande dépression des années trente.

À cette annonce, et à son appel à une impression monétaire massive, le dollar accéléra son ascension face aux autres devises, montrant une fois de plus que sa valeur n'est pas liée à la santé de l'économie mais aux perspectives d'inflation de la masse monétaire, au contraire des vraies monnaies. Dans les quatre jours qui suivirent la Réserve Fédérale acheta pour 587 milliards de dollars (2,7% du PIB) d'obligations, et sur deux semaines 1200 milliards (5,7% du PIB).

D'ailleurs le 9 avril, lorsqu'avait été annoncé le nouveau programme de rachat de bons, une bonne partie de la presse économique étatsunienne fit ses gros titres sur la "nationalisation du marché des obligations". Tandis que les banques centrales étrangères ont cessé d'acheter les Bons du Trésor ou obligations d'État, et que les fonds capitalistes (retraites par capitalisation) s'essoufflent, c'est désormais uniquement la banque centrale étatsunienne qui achète les obligations émises à un rythme toujours plus élevé par le gouvernement étatsunien. Elle rachète même, sur les marchés financiers, les obligations étatsuniennes vendues par d'autres gouvernements. Cela fait déjà une bonne décennie que le monde fait semblant de ne pas voir que les titres de dette étatsuniens ne trouvent pas d'autre preneur (ou marginalement) que la banque centrale étatsunienne.

L'impression monétaire effrénée, évidemment plus assise sur une création de richesse depuis longtemps puisque le pays, subventionné par l'étranger, consomme plus qu'il ne produit, n'est pas non plus assise sur des prêts de l'étranger ou du secteur privé (le principe des obligations) mais donc de la banque nationale à l'exécutif fédéral, c'est-à-dire de l'État à lui-même. Cette possibilité que le monde offre aux États-Unis est amère lorsque les pays les plus touchés, dont l'économie réelle s'effondre, les petites entreprises disparaissent et la population perd ses sources de revenu, ne peuvent pas lancer les mêmes plans de soutien sans que leur monnaie s'effondre à son tour.

À titre de comparaison, fin 2011 la Grèce, certes trente fois moins peuplée que les États-Unis, a été mise en faillite, en famine, au chômage, ses retraites confisquées, ses lois et institutions démantelées, sous prétexte d'une incapacité à rembourser un prêt d'à peine 14,4 milliards d'euros[24], en totale impunité d'ailleurs pour la banque étatsunienne Goldman Sachs qui, dix ans plus tôt, avait préparé sa vulnérabilité en la faisant admettre dans l'euro par une magistrale (et très lucrative pour ladite banque) malversation.

Le 23 mars, quand la Réserve Fédérale étatsunienne a annoncé qu'elle imprimerait des dollars de manière illimitée (autant que nécessaire), certains économistes ont clamé la victoire d'une Théorie Monétaire Moderne, une invention étatsunienne destinée à faire accroire au monde que la valeur unitaire du dollar était indépendante de sa masse en circulation. Cette prétendue théorie est dotée d'un joli nom (cité en anglais dans les articles en japonais, mandarin ou arabe comme si c'était un concept faisant référence) mais elle relève plus du postulat arbitraire que de la démonstration arithmétique ou de l'observation empirique. Elle assure qu'un gouvernement peut imprimer autant de monnaie qu'il veut sans que cela ait la moindre conséquence néfaste, en tout cas tant que les taux d'intérêts restent bas, comme si le remboursement du principal n'avait aucune importance.

D'autres économistes ont, au contraire, conclu que l'hyperinflation venait de passer de la pire des hypothèses au scénario le plus probable. Les bulles spéculatives, qui étaient déjà tellement effroyables dans tous les secteurs l'année dernière qu'elles en semblaient inéluctablement menacer le capitalisme à courte échéance, n'ont pas été éclatées par le coronavirus mais enflent au contraire encore

---

[24] L'euro, dont la Grèce ne représentait que 2%, a alors subi un fort effondrement sous les attaques de diversion visant à cacher l'insolvabilité des États-Unis.

plus. Cela ne peut pas bien finir. L'un après l'autre, les experts économistes interrogés par la presse (ni ministres ni professeurs) expriment leur inquiétude au sujet de ces bulles boursières insensées.

En fait dès la troisième semaine de mars, après l'annonce des premières mesures de soutien à la finance par rachat massif d'obligations, certains économistes bancaires ont avancé que tout cela serait inutile et que la Réserve Fédérale devrait également acheter toutes les actions d'entreprises (cotées) en difficultés aux États-Unis. Par exemple Zoltan Pozsar, directeur de la stratégie d'investissement du Crédit Suisse à New York, écrivit que les pertes de la finance étaient déjà si importantes que la Réserve Fédérale devait désormais soutenir "tout et n'importe quoi" en annonçant immédiatement la prise de contrôle de l'ensemble des marchés financiers, faute de quoi l'effondrement financier aurait de telles conséquences sociales "voire civilisationnelles" que la guerre civile était assurée.

Quelques jours plus tard l'influente Bank of America a aussi exigé le sauvetage massif de la bourse des actions par la Réserve Fédérale, qu'il est difficile de considérer autrement que comme une nationalisation à moins de considérer la Réserve Fédérale, banque centrale des États-Unis, comme une entité privée (ce qu'elle est d'après ses statuts) et non pas comme le service monétaire du gouvernement (ce qu'elle est évidemment). Et finalement la Réserve Fédérale a, sauf erreur, commencé le rachat des actions en bourse le 23 mars.

Or en deux semaines elle venait déjà d'acheter pour 1200 milliards de dollars d'obligations (5,6% du PIB), l'équivalent du total de son impression monétaire dite *quantitave easing* ("relâchement quantitatif") effectuée sur la période de deux années après l'éclatement en 2008 de la bulle des prêts immobiliers irrécouvrables dits *subprime*. On a bien lu, les États-Unis venaient d'imprimer en deux semaines, et ce n'était qu'un commencement, autant que dans les deux années suivant leur crise de 2008. Évidemment, acheter soudain pour 1200 milliards de dollars d'obligations signifie imprimer 1200 milliards de dollars, soit la moitié du PIB français annuel.

On a condamné des pays à la faillite, la famine et l'impossibilité d'emprunter pour une difficulté à rembourser une dette en dollars vingt fois inférieure au volume de dollars que les États-Unis se permettent d'imprimer en deux semaines *out of thin air* selon leur langage imagé, ou *ex nihilo* en langue classique.

Lorsque la Banque Fédérale a annoncé un nouveau programme de prêts à quatre ans où elle apporte 95% en association avec toute banque apportant 5%, son président Jerome Powell a déclaré d'abord qu'elle pouvait exercer un levier multiplicateur de dix, c'est-à-dire qu'en couvrant d'éventuelles pertes avec ses actifs de 4100 milliards elle pouvait agir à hauteur de… (la décence impose de laisser le lecteur ajouter lui-même le zéro). Puis il a ajouté qu'en fait rien n'imposait cette règle de 10% de couverture car "*après tout la valeur de ses garanties collatérales est décidée par la Réserve Fédérale elle-même*", donc elle peut appliquer le coefficient multiplicateur qu'elle souhaite ("*the Fed can apply any leverage it wants*"), ce dont personne ne doutait mais dont l'aveu était, pour le moins, inattendu[25].

---

[25] Cette déclaration est cependant illogique, car si la banque centrale peut modifier à volonté la valorisation de ses "actifs" elle n'a qu'à les revaloriser soudain de 900% pour décupler sa capacité d'intervention sans changer son taux de couverture, et si elle peut réduire son taux de

Et finalement le 22 mars, le gouverneur de la Réserve Fédérale Neel Kashkari assura que celle-ci pouvait créer électroniquement de la monnaie à volonté, et aussi l'imprimer pour les distributeurs de billets. Après avoir ajouté "*il n'y a aucune limite à notre capacité de le faire*", il insista encore "*il y a une quantité de liquide infinie à la Réserve Fédérale*".

Le monde est ainsi officiellement informé, le dollar n'a plus aucune valeur d'échange. Si les États-Unis veulent importer quelque chose de quelque valeur que ce soit ils imprimeront la quantité de dollars nécessaires pour l'obtenir, comme l'ont constaté les acheteurs européens de masques sanitaires en Chine. Et les États-Unis n'ont plus besoin d'exporter pour quelque paiement que ce soit puisqu'il leur suffit d'imprimer le montant en dollars de leurs anciennes (et insuffisantes) exportations, voire plus évidemment. Mais le monde n'acceptera plus longtemps d'être payé dans une fausse monnaie qui n'a aucun pouvoir d'achat et n'engage pas le pays qui l'émet.

Et le 3 avril, le parlement étatsunien a voté une nouvelle aide économique multisectorielle de 2000 milliards de dollars, à distribuer sous deux semaines. Au même moment le pays découvrait que le gouvernement ne pouvait pas imprimer des emplois réels… mais le cours du dollar s'est élevé.

De même lorsque, le 4 juin, la Banque Centrale Européenne a élargi son programme d'achat d'urgence pandémique (dit PEPP pour *pandemic emergency purchase programme*) de 600 milliards à 1350 milliards d'euros

---

couverture à 1% par exemple elle n'a pas besoin de revaloriser ses "actifs".

(après moultes discussions), à son tour le cours de l'euro s'est... paradoxalement élevé. Il est vrai que ce programme doit s'étaler sur un an, soit 112,5 milliards d'euros par mois[26], alors que la Réserve Fédérale étatsunienne injectait déjà, de son côté, un montant mensuel équivalent en fin d'année dernière, porté à 200 milliards de dollars au début de cette année (avant l'épidémie en Amérique), avant de se lancer en mars dans son programme illimité.

À un moment ou un autre cependant, certains pays dotés de gouvernements pourraient réagir et fermer leurs frontières financières, comme ils l'ont fait des frontières physiques, généralement trop tard car après l'arrivée du coronavirus. En effet on assiste depuis quelques mois à un rachat en coupe réglée des reliquats d'économie cotée du monde développé et émergent. Les grands conglomérats capitalistes étatsuniens en faillite rachètent à vil prix, et de toute façon avec les subventions illimitées reçues aux États-Unis, les entreprises en difficulté cotées en bourse, en Europe et en Amérique du sud notamment. Et il est vraisemblable que des offres de rachat en dollars fraîchement imprimés soient aussi faites à des entreprises moins visibles, dont les actions ne sont pas cotées en bourse.

Sous la république allemande de Weimar, pendant l'hyperinflation la cotation des actions s'est d'abord envolée, afin de s'effondrer en 1924 puis de nouveau en 1927. Au Vénézuéla de nos jours, la bourse des actions paraît complètement euphorique en dépit de la situation

---

[26] La petite Grèce qui a été saignée pour oser renier 100 milliards d'euros de dettes en mars 2012 (faute de pouvoir les imprimer) doit apprécier la bagatelle que la BCE, aujourd'hui, imprime mensuellement.

économique réelle. Et le moins que l'on puisse dire, c'est que depuis au moins une dizaine d'années la bulle financière étatsunienne a atteint des niveaux extravagants… que l'on pensait, jusqu'à ce printemps, difficiles à dépasser.

Pendant des années, des milliers de milliards de dollars ont été prêtés aux grandes entreprises cotées en bourse pour leur permettre de racheter leurs propres actions, une nouveauté du capitalisme au XXI° siècle. Cette pratique permet à la fois d'affranchir partiellement une entreprise de sa dépendance de l'actionnariat, de relever le cours de ses actions en bourse, et, compte tenu des règles comptables étatsuniennes (et depuis quelques années uniopéennes), de réévaluer son bilan en proportion de sa revalorisation boursière.

Aussi ces quelques dernières années la valeur en bourse des actions était totalement déconnectée du rendement desdites actions, alors que traditionnellement on calcule la valeur vénale d'un bien mobilier (ou immobilier d'ailleurs) d'après sa rentabilité, ou le temps qu'il faut pour que les revenus remboursent l'investissement initial. Dernièrement, aux États-Unis plus qu'ailleurs, les retours sur investissements diminuent mais le coût de ces investissements augmente. Il est vrai que d'une manière générale les capitaux rapportent de moins en moins, et que le moindre petit rendement de l'ordre de 1% peut paraître intéressant si les taux d'intérêt servis par les banques sont négatifs, ou nominalement positifs mais inférieurs à l'inflation.

Autrefois les actions comportaient une part de risque que ne présentaient pas les obligations, mais dans un nouveau monde où le gouvernement d'un petit pays peut être poussé à la faillite, tandis qu'une grosse entreprise privée faillie est renflouée par des subventions étatiques, cette distinction n'existe plus. Ainsi la valorisation boursière des entreprises cotées était ridiculement déconnectée de leur profitabilité, or l'effondrement économique en cours a largement réduit cette pratique du rachat des actions d'une entreprise par elle-même. C'est là que la Réserve Fédérale entre en jeu, en rachetant des actions d'entreprises sur les marchés boursiers pour éviter (artificiellement) l'effondrement de leur cours en dépit de leurs pertes d'exploitation et de leur faillite latente. Ailleurs on dirait que c'est fait avec les impôts des contribuables, aux États-Unis il est plus facile d'imprimer des dollars.

La bourse exulte, les spéculateurs n'ont jamais été aussi satisfaits, et les économistes commencent à s'exclamer que la Réserve Fédérale a "aboli le risque" et donc l'économie de marché. Les théoriciens notent que dès qu'il n'y a plus de sanction financière de l'échec, commercial ou technologique par exemple, l'économie est condamnée[27]. D'autres font remarquer que s'il n'y a plus besoin de demande, toutes les actions offertes à la vente étant rachetées par la banque centrale, il n'y a *de facto* plus de marchés financiers.

Les résultats de cette intervention massive sur les "marchés" sont visibles. Dès le mois d'avril les trois principaux indices boursiers étatsuniens ont retrouvé leurs niveaux d'avant la grosse chute du 13 février au 23 mars. Début avril, le Nasdaq affiche sa meilleure performance hebdomadaire depuis 2008, le S&P500 sa meilleure

---

[27] Début juin un fameux animateur d'émission télévisée économique et conseiller financier constitua un portefeuille "d'investissement" au hasard, en tirant trois lettres du Scrabble et en conseillant à ses auditeurs d'acheter l'action dont le code boursier correspondait à ces trois lettres car de toute façon elle ne pourrait que prendre de la valeur.

performance hebdomadaire depuis 1974, et le Dow Jones sa meilleure performance hebdomadaire depuis 1938, tout cela dans un contexte du pire effondrement économique depuis les années trente. Au 1er juin, le Nasdaq affichait une progression de 43% en dix semaines (depuis le 23 mars), soit sa plus forte et plus rapide progression ininterrompue depuis que cet indice existe[28].

Dans le même temps l'économie étatsunienne avait perdu 41 millions d'emplois, soit exactement un quart de la population active employée (164,5 millions en février). On peut rappeler en passant qu'il ne s'agit pas là de mise au chômage technique mais de rupture du contrat de travail, et que 55% des salariés dépendant d'entreprises de moins de cent employés (non cotées en bourse donc insignifiantes voire invisibles pour les autorités) il est vraisemblable qu'elles n'ont pas seulement licencié mais fait faillite.

En termes non plus de progression mais de valeur absolue, au 7 mai, la capitalisation du Nasdaq (total des valeurs cotées) dépassait le total des actions cotées en bourse dans le reste du monde. D'ailleurs ou pourtant, au niveau mondial l'ensemble des bourses d'actions avait alors gagné 25% depuis début mars, c'est-à-dire en deux mois, dont un mois et demi d'arrêt ou de fonctionnement très réduit de l'économie mondiale réelle, et de réduction drastique du niveau de vie pour un large segment de population.

Et cette envolée de la cotation en bourse des actions se produit au moment même où les dividendes s'effondrent.

---

[28] En Europe, le CAC40 et ses équivalents ne vont pas trop mal non plus.

Car les résultats d'exploitation s'effondrent, ce qui est logique en période de réduction d'activité, donc les résultats nets disparaissent voire deviennent négatifs et il n'y a pas de dividendes à distribuer pour rémunérer le capital (les actions). Sur la base du retour sur investissement, ou du dividende servi par action, qui sert à calculer la valeur vénale réelle (hors spéculation) d'une entreprise ou d'une valeur mobilière (part de capital), cette valeur vénale réelle s'effondre mais la cotation en bourse s'élance irrationnellement vers les sommets, réduisant encore plus la rentabilité relative.

La date en est inconnue mais l'effondrement est donc inévitable, et son repoussement au moyen de toujours plus d'impression monétaire prépare l'inflation massive. On voit déjà une inflation galopante des actions et de la bourse en général, alimentée par cette inflation monétaire discrète car pas encore arrivée dans les porte-monnaie individuels. Certes, la réduction massive de la consommation partout dans le monde a contenu l'inflation des prix à la consommation, pour l'instant…

Jerome Powell, président de la Réserve Fédérale, ayant annoncé un à un des plans de soutien à pratiquement tous les secteurs économiques (pour un total de 2300 milliards de dollars), ou du moins tous ceux constitués de grandes entreprises, les cours s'envolent en particulier dans les secteurs dont la pandémie avait durablement affecté voire interdit l'activité, comme le transport aérien de passagers et les croisières. Personne ne sait quand les avions pourront être révisés pour décollage après immobilisation, mais les actions des compagnies aériennes sans activité ont soudain bondi de 15%.

Il serait fastidieux et indécent de détailler ici les chiffres de l'envolée (de 15 à 75% selon les cas) du cours des actions de ces entreprises en faillite latente, à un moment où personne ne pourrait prédire si elles reprendront leurs activités commerciales en 2021, 2025 ou jamais. Par exemple, début juillet les actions de Tesla ont atteint une capitalisation en bourse équivalente à celles de General Motors, Fiat-Chrysler, Honda, BMW, Nissan, Hyundai, Mercedes et Ford ensemble, qui produisent en tout cinquante fois plus de véhicules que Tesla. Mais si l'Histoire doit retenir un cas symbolique et spectaculaire de cet emballement aussi frénétique que déraisonné ce sera celui du loueur de voitures Hertz, pour l'ascension inouïe du cours de ses actions à partir de l'ouverture de la procédure de liquidation judiciaire terminale.

Satisfaite des premiers résultats de ces annonces, la Réserve Fédérale a promis qu'aucune (grande) entreprise étatsunienne ne ferait faillite, et que le gouvernement paierait ce qu'il faudrait pour interdire la moindre défaillance. Plus précisément, aucune entreprise, aucune municipalité, aucun emprunteur insolvable ne sera autorisé à faire faillite dans un avenir prévisible (non précisé ou limité). Partout dans le monde, la presse économique titre en gros que "la Fed a aboli le risque aux États-Unis"[29]. Cela ne fait d'ailleurs qu'accentuer la fuite des capitaux ailleurs, les spéculateurs du monde entier se ruant sur les actions d'entreprises étatsuniennes en faillite sur le plan comptable mais garanties par la Réserve Fédérale.

Lors de la précédente crise de la révélation du surendettement insolvable des États-Unis, il y a une douzaine d'années, on a qualifié les poids lourds du

---

[29] Aux États-Unis la presse écrit qu'on a nationalisé les marchés financiers.

capitalisme (banques, fonds spéculatifs etc.) du raccourci de *too big to fail*, qui en anglais approximatif étatsunien ne signifie évidemment pas "trop gros pour défaillir" mais trop gros pour qu'on les laisse défaillir. Aujourd'hui ce sont toutes les valeurs mobilières cotées aux bourses étatsuniennes qui sont trop grosses pour qu'on les laisse défaillir. Évidemment plus ces valeurs enflent moins l'instance de renflouement, qui a remplacé l'instance de régulation des ex-marchés, ne souhaite les voir redescendre, donc plus elle les gonfle. L'inflation des marchés financiers est nourrie par l'inflation monétaire galopante, qui est toujours à l'origine des cas d'hyperinflation des prix (et pas l'inverse).

Les marchés de valeurs mobilières ne concernent pas que le 1% de richissimes sur leurs yachts dans les paradis fiscaux à cocotiers. Ils concernent très concrètement les épargnants, les retraités et ceux qui aspiraient à l'être un jour. Les fonds de retraite sont maintenant parmi les plus gros "investisseurs", comme disent les conseillers financiers qui n'aiment pas le mot de "spéculateurs"[30]. Évidemment les fonds de retraite par capitalisation jouent en bourse. Et la retraite par capitalisation n'est pas un lointain système exotique de pays excessivement capitalistes, c'est par exemple, en France, le système de l'assurance-vie.

Depuis déjà plus de vingt ans, quand une personne

---

[30] Apporter des fonds à une entreprise pour plusieurs années en espérant un retour à moyen ou long terme sur ce placement c'est investir, mais acheter des actions dans l'espoir qu'elles se valorisent puis les revendre avant qu'elles se dévalorisent, le tout sans états d'âme en l'espace de quelques semaines et sans même s'intéresser au dividende annuel, c'est spéculer.

ou une institution souhaitant placer des fonds se voit proposer un placement "pas forcément performant mais parfaitement sûr" par une banque, il contient nécessairement des actions, surtout en Europe depuis que les taux d'intérêts des obligations sont négatifs en termes réels voire nominaux. La carambouille financière et bancaire assemble des "produits financiers" constitués de paniers de diverses valeurs cotées (actions essentiellement) selon des coefficients révisés régulièrement par les arbitrages consistant à vendre un peu de l'action A pour racheter un peu de l'action B. Ces paniers composés primaires connus par un sigle sont à la base des salades panachées que propose chaque groupe bancaire sous les jolis noms de "Stabilité50", "Performance2000" et autres "Avenirdynamqiue".

Mais les fonds à court terme des retraites par répartition sont eux aussi déposés en banque, ce qui, depuis la nouvelle règlementation uniopéenne, signifie que ces fonds sont prêtés aux banques moyennant inscription au registre des créanciers. Lorsque les banques feront faillite, notamment en raison des engagements sur des fronts risqués qu'elle font avec les fonds prêtés par leurs clients, leurs réserves dites "fractionnelles" c'est-à-dire statutairement insuffisantes ne suffiront pas à rembourser ces derniers, qui n'auront plus qu'à espérer que le fonds de garantie des comptes jusqu'à 100 000 euros ait encore de quoi leur permettre de ne pas tout perdre.

Par ailleurs les déficits budgétaires explosent. Aux États-Unis le déficit budgétaire fédéral (qui comme l'endettement ne comprend pas l'échelon provincial) vient d'être quadruplé, passant à près de 4000 milliards de dollars. Cela représente 19% du PIB de 2019, et peut-être jusqu'à presque 40% du PIB probable de 2020 puisque les dernières estimations sérieuses laissent entrevoir que l'activité économique du pays aura été divisée par deux sur l'ensemble de l'année.

Dans la zone euro les pays dits vertueux, ou astucieux en comptabilité publique, qui affichaient un déficit budgétaire légèrement inférieur aux fatidiques 3%, prévoient officiellement un déficit de (plus ou moins selon les pays) l'ordre de 10%, par rapport bien entendu au PIB de 2019. Évidemment quand on connaîtra le PIB réel pour 2020 on pourra calculer le rapport de ces déficits sur le PIB, peut-être du simple au double ici aussi. Quant à l'endettement cumulé, les pays qui, comme la France, annoncent que leur taux d'endettement passe de 100% à 130% du PIB calculent aussi ingénument ce taux sur le denier PIB connu, celui de 2019. Mais si le PIB pour l'année 2020 en vient à être deux fois inférieur, le niveau d'endettement par rapport à celui-ci sera plutôt comparable à celui du Japon d'avant-peste.

Pour mémoire, les économistes estiment qu'une économie endettée à plus de 100% du PIB est insolvable et virtuellement en faillite. Certes, la suspension des paiements sur la dette des soixante pays les plus pauvres, accordée par le G20, donne l'idée (ou permet enfin de la défendre) d'un effacement mutuel global de l'ensemble des dettes souveraines, cette fameuse remise à zéro des compteurs de la dette (à l'avantage bien sûr des pays qui se sont surendettés et de celui qui s'est hyperendetté) connue sous le nom anglais de *big reset*, que l'on a particulièrement mentionnée dans le Onzième Coup de minuit de l'avant-guerre.

Signe des temps à venir, on ne trouve plus d'or. À la mi-mars le vieux courtier Ross Norman s'est exclamé "*je ne crois pas qu'on puisse actuellement trouver un lingot d'un kilo en Europe ou aux États-Unis pour tout l'argent du monde*". En mars certains courtiers notaient que la demande était soudain quintuplée, puis les banques *bullion* pas encore fermées imposaient un volume minimal de commande (c'est-à-dire refusaient de vendre aux petits clients) avant pour certaines de se retirer du marché, enfin les raffineries suisses ont fermé pour cause d'infection au coronavirus.

Ces raffineries sont un maillon essentiel du commerce d'or, car les stocks des banques centrales loués aux banques bradeuses consistent en barres anglaises de 400 onces (11,42 kg) ne correspondant pas à la demande des marchés asiatiques (système métrique). Aussi il faut refondre l'or loué par les banques en lingots d'un kilo, ce qui est d'ailleurs l'occasion de remplacer par un tampon de fonderie suisse le tampon de la banque centrale d'origine. Celle-ci reste théoriquement toujours propriétaire mais est évidemment complice de la braderie générale visant à satisfaire la demande asiatique, contenir le prix de l'or et donc l'illusion de stabilité du dollar et des monnaies occidentales qui lui sont liées. De toute évidence les banques centrales occidentales, et les gouvernements (à défaut des peuples) auxquelles elles appartiennent, savent pertinemment que l'or qu'elles "louent" aux banques commerciales occidentales pour être vendu aux pays asiatiques ne reviendra jamais.

Quant aux cours ainsi affichés, personne n'est dupe car tout élève de première année d'économie sait que si la demande a été multipliée par cinq début mars, à volume d'offre égal le prix aurait dû quintupler, du moins dans un véritable marché libre de l'offre et de la demande. Or la "prime", c'est-à-dire le supplément à payer au-dessus du cours officiel si on exige d'être livré (au lieu de spéculer sur des contrats à terme vite revendus avant terme car non couverts), a cessé d'être significative dès qu'elle a dépassé

20%, car elle a alors été gelée comme le cours officiel.

Puisqu'il n'y a plus d'or à vendre et qu'il y a de moins en moins de transactions donc de détermination de prix, on se rapproche du jour où il n'y aura plus de nouvelle détermination d'un prix officiel (qui restera donc le dernier connu). Cela permet aussi de réserver le peu d'or disponible à la Chine, qui ne laissera les prix s'envoler (et donc les monnaies sans réserves s'effondrer) que quand elle ne trouvera de toute façon plus rien à acheter. Pour l'instant les naïfs qui, voyant la raréfaction de l'offre et l'augmentation de la demande, guettent un rebond des cours officiels sur les marchés de métaux précieux, peuvent attendre.

En effet les cours sont étroitement contrôlés, notamment depuis la manipulation monstre effectuée dans la minute précédant la capitulation de la Suisse, le 6 septembre 2011, face à l'ultimatum étatsunien du 31 août. Les marchés seront à un certain moment tout simplement fermés, "faute d'échanges" ou sous tout autre prétexte comme une opportune contamination au coronavirus, ou un constat de "force majeure" politico-économique. On publiera alors un dernier cours d'échange officiel, scellant ainsi un cours qui deviendra fixe, théorique, virtuel (en l'absence d'échanges), et bien sûr extrêmement sous-évalué en dollars et monnaies dépendantes, qui ne permettront plus de toute façon d'acheter la moindre once.

Comme on l'a explicité le 22 décembre 2014 dans un article à fort retentissement médiatique[31], la fluctuation des cours des métaux précieux est depuis ce jour-là

---

[31] http://stratediplo.blogspot.com/2014/12/les-etats-unis-preparent-la-fin-de-la_22.html

strictement encadrée sur les marchés étatsuniens. Par sa règle 589 intitulée *Special Price Fluctuation Limits,* l'institution de gestion du COMEX (Commodities Exchange) et du NYMEX (New York Mercantile Exchange) a fixé des limites de fluctuation journalières en valeur absolue par tranche de prix de l'once, par exemple, pour l'or, 200 dollars dans la tranche de 1000 à 2000 dollars, selon une grille qui exclut en tout état de cause un prix maximal fixé, toujours pour l'or, au double du cours du 6 septembre 2011, arrondi à 4000 dollars.

Dès qu'une fluctuation atteindra la marge maximale autorisée (moins de 12% du cours de juin 2020), le marché sera suspendu, puis rouvert au cours de la dernière clôture journalière. Et si le même incident se répète quatre fois dans la même journée le marché sera fermé jusqu'au prochain jour ouvrable, où la séance démarrera au cours de l'avant-dernière journée de cotation comme si "l'emballement" (très relatif) du jour précédent n'avait tout simplement pas eu lieu. Ainsi sur le COMEX et le NYMEX on ne peut acheter ou vendre que dans le cadre de la marge de fluctuation journalière autorisée.

L'étalement forcé sur plusieurs jours de toute progression sérieuse donnera ainsi le temps aux autorités étatsuniennes de prendre les mesures qui s'imposent. La même règle (avec des chiffres adaptés) s'applique aux autres métaux précieux afin d'empêcher qu'un défaut sur l'or ne génère une ruée sur un autre métal, dont l'envolée montrerait alors ce que la fermeture du marché de l'or visait à cacher, à savoir que le dollar ne permet plus d'acheter que du sable.

Ainsi, la dépréciation maximale que le dollar puisse aujourd'hui subir par rapport à l'or sur les marchés étatsuniens est de 11% par jour, puisque quand l'or paraît augmenter de 12% c'est le dollar qui baisse de 11%.. Si une tendance à une dépréciation supérieure à cette tolérance est observée quatre fois dans la même journée, ce que le Chicago Mercantile Exchange appelle l'événement déclencheur (*triggering event*), elle sera annulée et les marchés seront fermés sur la cotation de la veille. Le lendemain on pourra alors dire qu'il n'y a plus assez de métaux précieux disponibles à la vente pour justifier une salle de marché[32], et annoncer au reste du monde que l'or "vaut" définitivement X dollars l'once. La valeur du dollar exprimé en or redeviendra donc une constante officielle, comme elle le fut de 1944 à 1971, mais tous les dollars du monde ne pourront plus acheter une once d'or là où il en restera en vente, en Asie notamment.

Au niveau du détail, les pièces d'or sont désormais à peu près introuvables en Chrétienté (les émirs de la péninsule arabique s'en offrent toujours pour les anniversaires), et celles d'argent difficilement, même avec une grosse surcote. Le 15 avril, après un bond de ses ventes (ayant vendu en mars autant d'or que sur toute l'année dernière), l'hôtel des monnaies étatsunien a annoncé la suspension de la frappe de pièces d'or, et la réduction de celle de pièces d'argent. Pourtant le défaut n'est pas aussi imminent sur les pièces que sur les lingots, dont le Crédit Suisse a annoncé fin mars, pour la première fois depuis un siècle et demi, qu'il était inutile d'en commander.

Une autre raison qui assure l'hyperinflation est l'hyperendettement étatique. Les emprunts d'État sont

---

[32] Le 27 mars le Wall Street Journal a justement écrit qu'il y avait une sévère pénurie de lingots d'or aux États-Unis en dépit des suppliques adressées au Canada, au Royaume-Uni et à la Suisse.

pratiquement tous perdus en termes constants, sauf ceux contractés par les pays endettés à moins de 30% de leur PIB réel. Les États-Unis en particulier sont insolvables et, compte tenu de la dynamique de leur économie déjà déficitaire avant-peste, ils ne pourront jamais rembourser à sa valeur initiale le capital de leur dette. Emprunter à des échéances de plus en plus longues, par exemple à cinquante ans c'est-à-dire en chargeant du remboursement la deuxième génération suivante, n'est pas une solution mais un aveu d'insolvabilité.

Jusqu'à présent leur stratégie est le report ou roulement de la dette, à savoir emprunter de nouveau pour payer une dette à échéance. Les nouveaux emprunts du gouvernement sont certes effectués auprès de sa propre banque centrale, qui absorbe aujourd'hui la plus grosse partie de l'émission de nouvelles obligations (65% en 2019, plus encore en 2020), par l'impression monétaire, cavalerie à laquelle les Étatsuniens ont donné un doux nom à consonnance de praxis économique, la "monétisation de la dette".

Toutefois il reste des débiteurs étrangers, qui ne souhaiteront pas toujours échanger leurs anciens bons du Trésor pour de nouveaux mais demanderont leur liquidation. Or il est économiquement impossible de rembourser ce principal de leur créance à sa valeur actuelle, c'est-à-dire en une monnaie qui ait le même pouvoir d'achat qu'au moment où l'étranger a consenti le prêt en achetant un bon du Trésor.

De plus, s'il prenait à un créancier majeur l'idée ou le besoin de se défaire soudainement de la totalité de sa créance en la mettant massivement sur le marché, le cours desdits bons du Trésor s'effondrerait immédiatement, surtout si cela commence sur une bourse asiatique un jour qui est férié aux États-Unis. Ceux-ci interviendraient ensuite en rachetant (par de l'impression monétaire évidemment) tous leurs titres de dettes mis sur le marché, mais l'information ne pourrait pas être cachée (surtout s'il y a eu un jour de décalage) et les autres créanciers vendraient également leurs titres.

Mécaniquement le cours du dollar dégringolerait, incitant à la vente générale de tous les "actifs" (valeurs mobilières) libellés en dollars, puis à la vente de tous les dollars eux-mêmes dont les plus gros détenteurs voudraient se défaire pour conversion en d'autres devises. Évidemment tout le monde le sait, mais chacun est personnellement convaincu qu'il le verra venir à temps pour se défaire de ses dollars la veille de ce jour fatidique.

Beaucoup d'économistes assurent que l'hyperinflation sera précédée d'une déflation majeure de la bourse, ce qu'un journaliste appellerait l'éclatement de la bulle, et aussi des immobilisations (pas nécessairement des prix à la consommation). En un moment comme celui-ci, où toutes les valeurs sont extrêmement surévaluées, les spéculateurs boursiers sont nerveux, car ils savent que les cours exagérés, et sans rapport avec les dividendes à venir ou les résultats et la valeur des entreprises, ne tiennent que par l'intervention permanente de la banque centrale. Ils savent que la banque centrale est condamnée à continuer, mais que ce n'est pas possible indéfiniment et que ça devra forcément finir un jour, et ils en guettent le signe annonciateur.

Or inévitablement un incident économique, politique ou budgétaire interviendra, peut-être d'ailleurs sur un marché où la banque centrale n'est pas libre (zone euro) ou ne peut pas imprimer et endetter le pays sans fin (pays rationnels ou émergents). Ainsi, lorsqu'une valeur mobilière commencera à perdre de la valeur, le spéculateur qui en aura vendu des milliers (moins cher que ce qu'il espérait) avant de les avoir achetées pourra être obligé de vendre en catastrophe d'autres valeurs pour payer l'achat à terme auquel il s'était engagé, contribuant ainsi à la baisse d'une autre valeur, et à la ruée à la vente. Surtout, qu'on ait permis la chute d'une action déclenchera la panique générale, or la bourse répond plus aux lois de la psychologie que de l'arithmétique.

Par ailleurs il est vrai que, dans beaucoup de pays trop riches, des immobilisations improductives sont très surévaluées, et on peut citer en particulier l'immobilier d'habitation en Europe occidentale, comme aux États-Unis. Or leur valeur vénale est fixée par les mouvements à la marge de l'inventaire existant. Le fameux exemple de déflation massive est celui d'un quartier où toutes les maisons ont des caractéristiques identiques et sont estimées à 500 000 euros, il suffit alors que 2 ou 3% d'entre elles soient en vente à 400 000 pour un besoin urgent de liquidité du propriétaire (divorce, perte d'emploi, projet prioritaire…) pour faire tomber de 20% la valeur vénale des autres maisons identiques et donc aussi les prêts hypothécaires qu'elles permettent d'obtenir, même si elles ne sont pas en vente.

L'hyperinflation de la république de Weimar, le classique du genre, est généralement attribuée au surendettement du gouvernement (facture des réparations de guerre), à la stagnation de l'économie, au chômage massif, et à l'aide sociale massive payée aux non-travailleurs, en l'occurrence les mineurs de la Ruhr en grève depuis l'invasion française de 1923. Or, après l'assignation à domicile de la moitié de la population mondiale, les mêmes conditions prévalent aujourd'hui dans beaucoup de pays.

Vue de l'extérieur l'hyperinflation ne donne pas forcément l'impression d'un effondrement économique catastrophique, puisque tout le monde y est riche en termes monétaires. C'est notamment vrai tant que le gouvernement peut donner l'impression que la monnaie ne s'est pas encore dévaluée sur les marchés internationaux et que son cours reste à peu près stable, quel que soit le coût de l'entretien de cette illusion par la vente des réserves de devises puis d'autres actifs nationaux.

Vue de l'intérieur cependant, cette richesse est virtuelle ou mensongère si les millionnaires ne peuvent pas se payer, ou pourraient se payer mais ne peuvent pas trouver, leur miche de pain quotidienne.

Grave exception française

Comme d'habitude la France fait exception, et malheureusement pas dans le sens d'un pays *auctoritas inter pares* comme on en exprimait l'espoir à la fin du Septième Scénario.

N'ayant pas réussi à arrêter totalement le thanatomètre[33], non pas par souci de crédibilité mais à cause des fuites de fragments d'information (décès dans les EHPAD par exemple), le gouvernement l'a du moins fortement bridé. C'est ainsi que le taux de létalité du virus a longtemps été officiellement quatre fois inférieur en France à ce qu'il était en Italie, un pays pourtant en tous points similaire.

Si l'on compare les courbes de contamination déclarée des grands pays occidentaux à partir du centième cas (reconnu le 22 février en Italie et le 29 en France), on constate que la France, comme l'Allemagne, avait une courbe parallèle à celle de l'Italie avec un décalage (retard) de neuf jours, l'Espagne également mais avec un retard de dix jours sur l'Italie, les États-Unis avec un retard de onze jours, le Royaume-Uni treize jours… puis que les courbes de tous ces pays, parallèles entre elles, ont croisé la courbe française en ralentissement relatif depuis la mi-mars et en franche divergence à partir de la fin mars, sans la moindre

---

[33] Ne pas confondre ce thanatomètre avec un thermomètre interne d'autopsie.

explication épidémiologique. On a bien bridé le thanatomètre français, tout en braquant les projecteurs sur l'Italie.

Car en réalité, et contrairement au discours officiel, l'épidémie s'est diffusée en France deux semaines avant d'apparaître en Italie. La différence numérique officielle entre la France et l'Italie provient de la décision française de ne pas tester systématiquement (ou plutôt de systématiquement ne pas tester) et en particulier les gens sans symptômes, alors que l'Italie l'a fait dès le premier cas. Mais dès ce fameux quatrième *week-end* de février, lorsque tout a basculé en Italie, il est vraisemblable qu'il y avait déjà en France une vingtaine de morts par complications respiratoires, non attribuées au virus faute de test (et d'intérêt politique).

D'ailleurs le fait que le nombre de cas confirmés en Italie ait été centuplé en cinq jours (de 3 jeudi 20 à 322 mardi 25 février) reflète évidemment la multiplication des tests, mais puisque le virus ne tue pas en trois jours, les 11 morts de ce quatrième *week-end* de février avaient été vraisemblablement infectés (et contagieux) une douzaine à une quinzaine de jours plus tôt, ce qui correspond au début de la diffusion à grande échelle du virus par le gouvernement français à la frontière italienne.

Pour mémoire, lorsque le gouvernement anglais a informé son homologue français de l'hospitalisation d'un Britannique qui avait été contaminé à Singapour et avait au retour séjourné du 25 au 28 janvier dans le village (frontalier avec l'Italie) des Contamines-Montjoie, les autorités sanitaires ont examiné les onze occupants du chalet, résidents permanents des Contamines, et en ont trouvé cinq effectivement contaminés, le 7 février. Dès le lendemain le gouvernement a envoyé une cellule de dédramatisation pour rassurer les indigènes, faire rouvrir l'école de ski qui venait par précaution d'annuler ses cours, et assurer le maintien de la saison de ski pour les Parisiens dont les vacances commençaient.

C'est là qu'Anne-Marie Durand, directrice de la santé publique à l'Agence Régionale de Santé, a inauguré devant son directeur Jean-Yves Grall la série de mensonges gouvernementaux, à savoir qu'on ne pouvait pas être contaminé en partageant un télésiège avec un malade, qu'il fallait "*des contacts prolongés et rapprochés*" et plus précisément "*plusieurs heures à moins d'un mètre*", et autres contradictions flagrantes de tout ce que les laboratoires de virologie de plusieurs pays avaient déterminé et publié à la fin janvier. Le préfet Alain Lambert prononça solennellement la fameuse phrase que redoutent tant les peuples de France, "*la situation est maîtrisée*", et annonça la visite du ministre de la santé Agnès Buzyn[34].

Celle-ci, le lendemain dimanche 9, ajouta d'autres mensonges au passif du gouvernement, déclarant par exemple expressément "*il n'y a aucun risque quand on croise les gens dans la rue, ce n'est pas cela être en contact avec une personne contaminée ; il faut un contact étroit et soutenu en face de la personne ou un contact charnel, il faut se toucher*", ou encore en assurant tout aussi mensongèrement qu'on n'était pas contagieux avant de montrer des symptômes.

Après l'entrevue de cent douze Contaminards et le dépistage symbolique (négatif) de cinquante-deux soit 4%

---

[34] Quelques dizaines de milliers de morts plus tard, le ministre suivant Olivier Véran répètera le 2 juillet que "*la situation est contrôlée*", au cas où les gens l'aient oublié.

de la population du village, essentiellement des condisciples d'un enfant infecté, l'affaire a été classée, la Haute-Savoie a été déclarée saine et aucune mesure de précaution n'a été conseillée aux usagers ou voisins des gares de transports publics des Contamines et d'Annecy, par où repartiraient les touristes qui auraient éventuellement contracté le virus pendant leurs vacances de ski même si le vecteur anglais était reparti directement par Genève.

Or justement un habitant de La Balme de Sillingy, commune voisine d'Annecy, parti en Lombardie après le passage du vecteur anglais dans la région, et déjà porteur de symptômes légers avant son retour le 15 février, serait hospitalisé le 24 février à Annecy, avec cinq proches tous également positifs. Alors que, avant le dernier voyage de ce quatorzième cas français en Lombardie, l'Italie n'avait connu que deux cas de Chinois de passage à Rome fin janvier, voilà qu'on a subitement caractérisé et confirmé un cas en Lombardie jeudi 20 février (symptomatique depuis plusieurs jours donc contaminé pendant la présence du Balméen dans la région), quinze autres le 21, puis deux morts, puis une trentaine de cas supplémentaires le 22 février.

Les gouvernements lombard et italien ont alors réagi immédiatement et de manière drastique. Ce n'est évidemment pas pour les trois morts du samedi 22 février qu'on a totalement isolé et mis en quarantaine sur-le-champ une douzaine de villages. Le gouvernement italien, comme les autres, connaissait manifestement déjà l'extrême gravité de l'épidémie, que ce soit par un avertissement tardif du gouvernement chinois ou par l'observation de ses actes, et a alors pris en quelques heures des mesures jamais vues dans l'histoire moderne.

Lorsque le vecteur involontaire anglais, apprenant

que le virus avait fréquenté la même salle de cours que lui à Singapour, s'est volontairement constitué patient, il a pu détailler avec précision son itinéraire et ses contacts depuis son départ de Singapour, ce qui a permis aux enquêteurs anglais de faire remonter l'information jusqu'à leur gouvernement puis d'alerter la France. Lorsque le vecteur involontaire balméen, apprenant l'hécatombe le long de la route lombarde qu'il avait parcourue deux semaines plus tôt et s'inquiétant alors de ses symptômes persistants, s'est volontairement constitué patient, il a pu détailler avec précision son itinéraire et ses contacts… mais il semble que les enquêteurs français ne se soient intéressés qu'à ce qui s'était passé depuis son retour à Annecy le 15, à l'exclusion de son voyage transalpin et de ses mouvements dans les jours précédant celui-ci.

Or au même moment, pour reconstituer l'itinéraire et tester les zones de contamination possiblement en cours (même pour le choléra on ne le fait pas), l'Italie procédait à une véritable enquête policière, qui en deux semaines est remontée jusqu'à un "porteur n° 1" qui s'est finalement avéré avoir été contaminé en Lombardie même par un mystérieux "porteur n° 0" soit déjà sorti du pays soit impossible à identifier, par exemple porteur sain ou décédé d'autre cause entretemps. Mais la situation s'emballant, le gouvernement italien a vite été débordé par des soucis bien plus pressants que l'itinéraire des tous premiers contaminés trois semaines plus tôt, et a alors arrêté sa recherche du "porteur n° 0", qui, si ça se trouve, n'était autre que le "patient n° 14" français, lien manquant entre Steve Walsh et Mattia Maestri.

C'est ensuite, apparemment, d'Italie que l'épidémie s'est propagée à toute l'Europe et l'Amérique du Sud (avec quelques exceptions liées directement à la Chine), avec des conséquences incalculables mais, à terme, pires que celles d'une guerre mondiale. Si, devant une juridiction internationale et après conclusion d'une enquête d'ailleurs pas très compliquée à mener, des réparations devaient un jour être demandées à un gouvernement condamné pour crime contre l'humanité, impéritie ou incurie, il s'agirait d'un tout autre ordre de grandeur que les indemnités de guerre demandées à l'Allemagne il y a un siècle. Et, la France étant une démocratie, son corps électoral et contribuable pourrait difficilement se délier des actes commis par ses mandataires.

Depuis quelques années tout indique que, en dépit de leur propension à la profération de contre-vérités flagrantes, les dirigeants politiques français sont parfaitement lucides. Nonobstant, lorsque les cas avérés ont commencé à se multiplier, dans la dernière semaine de février c'est-à-dire plus de deux semaines (délai de contamination puis d'incubation) après le déferlement vacancier en Haute-Savoie, et quelques jours après que les skieurs soient rentrés dans leurs régions d'origine, ils ont été qualifiés de "cas isolés" comme s'il s'était agi de génération spontanée délocalisée du virus, et sans que l'on cherchât à retracer et corréler leurs déplacements au moment de leur contagion probable deux semaines plus tôt.

Évidemment les skieurs rentrés juste après leur contamination, dès le début de leur période contagieuse asymptomatique, ont passé celle-ci chez eux et donc diffusé silencieusement le virus dans leur entourage habituel, aussi lorsqu'ils ont présenté les premiers symptômes c'était en même temps que tout un foyer local de cas, comme à Annecy, en région parisienne puis en Alsace. Comme pour mieux défranciser ces foyers et s'en affranchir, le gouvernement les a désignés par le mot anglais *clusters* (alors que la langue de la médecine est le latin), certainement plus par défaut de connaissance de l'italien que de volonté de blâmer l'étranger.

Le 24 janvier, deux semaines avant les déclarations gouvernementales aux Contamines, on s'était permis de rappeler avec préoccupation[35] que le gouvernement français avait volontairement laissé entrer en France la grippe Smithfield de 2009[36]. Il a agi de manière identique cette année, refusant de fermer les frontières aux étrangers même lorsque les pays voisins (Espagne et Allemagne) les ont fermées aux Français, et refusant le contrôle exhaustif des arrivants dans les aéroports, comme l'ont encore involontairement démontré une vingtaine d'Algériens entrés en juin avec une lourde charge virale. Les mensonges flagrants depuis janvier montrent qu'il ne s'agit pas d'impéritie mais de décision politique.

Pourtant, et suivant en cela les estimations des épidémiologistes, le gouvernement français s'attend à la contamination de 50 à 70% de la population, dans la première année. Cette fourchette a été notamment annoncée par le ministre de l'éducation Jean-Michel Blanquer le 15 mars 2020, qui a rappelé que "*la stratégie ce n'est pas d'empêcher que le virus passe* […] *mais c'est de faire en sorte qu'il passe de la manière la plus étalée possible dans le temps*" et en d'ailleurs profité pour tenter de ressusciter l'illusion de l'immunité de groupe, pourtant abandonnée par les chercheurs depuis la découverte de la haute mutabilité du virus un mois et demi plus tôt : "*ça crée une forme d'immunité majoritaire, et donc le virus s'éteint de*

[35] http://stratediplo.blogspot.com/2020/01/le-coronavirus-de-wuhan.html

[36] http://stratediplo.blogspot.com/2009/06/on-volontairement-laisse-entrer-la_68.html

lui-même".

Puisque les plus grands épidémiologistes s'attendent à la contamination de 70 à 80% de la population mondiale, et compte tenu du fait que la France n'est pas une île comme le Japon ou l'Irlande mais le carrefour de l'Europe, la première destination touristique mondiale et l'ennemie déclarée des frontières, il faut s'attendre au moins à une contamination à 70%, voire à 100% si une immunité collective est impossible. En considérant seulement la population légale, à savoir soixante-sept millions d'habitants, 70% de la population représentent quarante-sept millions de contaminés.

Les premières observations de masse rapportées par la presse dans un pays comparable et transparent (en écartant donc les mystères chinois) semblaient montrer que quatre cas sur cinq étaient bénins, du moins lors de la première infection, tandis qu'un cas sur cinq nécessitait des soins intensifs de réanimation avec assistance respiratoire, pendant deux à trois semaines. Cela impliquerait des soins intensifs pour neuf millions de personnes en France, heureusement pas simultanément mais sur une durée d'une dizaine de jours par patient.

Cependant, d'après les études du Collège Impérial publiées le 16 mars, seulement 1,32% des contaminés nécessitent des soins intensifs avec assistance respiratoire. Cela impliquerait des soins intensifs pour 620 000 de personnes. Quand bien même le gouvernement aurait doublé le nombre de lits en réanimation, le ramenant de 5000 à 10 000, à raison de dix jours d'occupation par patient, donc 30 000 ranimés par mois (trois occupants successifs par lit), il faudrait 21 mois pour traiter les cas graves correspondant à 70% de la population.

Les mesures nécessaires à l'aplatissement de la

courbe doivent donc durer. En d'autres termes, pour maintenir les admissions en réanimation, soit 1,32% des infectés, à un maximum de 1000 par jour, il faut rester au-dessous d'un niveau de 76 000 nouvelles contaminations par jour, ce qui compte tenu de la diffusion géographique très générale du virus implique d'empêcher sa circulation. Et à raison de 76 000 nouvelles contaminations par jour, il faudrait 618 jours, c'est-à-dire 21 mois, pour atteindre quarante-sept millions de contaminés. Mais si on ne laisse pas la contagion atteindre 76 000 par jour il faudra plus longtemps.

Par ailleurs dans la mesure où la moitié des patients placés en réanimation décèdent (là le Collège Impérial trouve la même proportion que l'observation empirique), il faut accepter une mortalité de 500 patients par jour pour limiter la course du virus à travers la population à 21 mois. En démocratie et si les gens connaissent ce niveau de pertes et sa stabilité, c'est un tableau délicat. Il peut être tentant, pour l'échelon politique, d'occulter ces morts, donc de les faire se produire hors du système public hospitalier, ce qui a le bénéfice annexe de ne pas occuper "inutilement" des places en réanimation, donc d'y traiter plus de cas "viables", et ainsi d'augmenter le nombre quotidien de nouvelles contaminations afin d'atteindre plus vite la prévalence totale visée.

Les premières consignes de tri avaient certainement pour but de sauver le plus de vies possibles. Quelques témoignages chinois, avant la reprise en mains étatique de la communication et l'extinction des voix désobéissantes, avaient mentionné cette pratique de la sélection des patients à traiter. Mais c'est d'Italie, premier pays occidental débordé, que sont venus les premiers cris de désespoir. Des journalistes français détachés en Lombardie tirèrent la sonnette d'alarme dans une tribune commune publiée le 12 mars. Le 22 mars le Dr Gai Peleg (Israélien en service à Parme) révéla que dans son hôpital régissait la consigne de ne pas mettre de personnes de plus de soixante ans sous respirateur artificiel, dont le nombre faisait défaut, ce qui ne faisait que confirmer les pathétiques déchirements de conscience confessés plus ou moins anonymement par le personnel soignant. Mais en Italie des poursuites pénales sont déjà en cours, surtout d'ailleurs pour l'hécatombe dans les maisons de retraite.

En France, le président Emmanuel Macron a solennellement répété cinq fois le 16 mars "*nous sommes en guerre*", une insistance réitérée à chaque fois qu'il en a eu l'occasion devant le personnel de santé. D'après de nombreux témoignages, cette affirmation a été largement comprise comme un ordre d'appliquer dorénavant les protocoles de la médecine de guerre, à savoir le rationnement des soins et le triage des patients. La politique n'est alors plus d'apporter plus de soins aux patients qui en ont le plus besoin, ou d'appliquer les mêmes soins à tout le monde, mais de concentrer les soins sur les patients ayant le plus de chances de s'en sortir en négligeant ceux ayant moins de chances, comme l'expliquèrent à la presse plusieurs médecins dans les jours suivants. Par exemple dans l'Opinion du 20 mars le Dr Renaud Hammond expliquait la logique de médecine de guerre très simplement : "*en temps de guerre on trie les malades*". Pour sa part le Dr Jean-François Corty, ancien directeur des opérations de Médecins du Monde, confirmait au Huffington Post que la logique de tri est appliquée en Île-de-France depuis la mi-mars.

Le 26 mars toute la presse allemande citait un rapport de l'Institut Allemand de Médecine de Catastrophes, dont l'équipe médicale dépêchée à Strasbourg avait été horrifiée par la situation dans les hôpitaux alsaciens. Ce rapport assurait que beaucoup de médecins étaient infectés faute d'équipement de protection mais continuaient de travailler faute d'effectif, qu'on triait les malades, et qu'on avait cessé le 21 mars toute aide ventilatoire aux patients de 80 ans et plus[37]. Dans le Haut-Rhin, d'après la présidente du conseil départemental Brigitte Klinkert alors interrogée par *Die Welt*, faute de respirateurs c'étaient certains jours les patients de plus de 70 ans qui étaient ainsi abandonnés.

Le 22 mars le ministre de la santé Olivier Véran déclara "*je ne peux pas vous dire les yeux dans les yeux que ce type de situation* [le triage] *ne peut pas arriver*", et reconnut avoir mis en place des "*cellules éthiques*" dans tous les hôpitaux pour "*accompagner les soignants dans ce type de décision*". En vérité trois jours plus tôt la Société Française d'Anesthésie et de Réanimation avait diffusé avec le visa ministériel un texte de recommandations rédigé par l'Agence Régionale de Santé d'Île-de-France. Cette circulaire recommandait de "*limiter fortement l'admission en réanimation des personnes les plus fragiles*" et insistait sur la prise en compte de cinq critères essentiels, dont expressément l'âge, "*à prendre particulièrement en compte pour les patients COVID*"[38].

Le 28 mars le gouvernement français décréta l'administration de clonazépam, hors autorisation de mise

---

[37] www.tagesspiegel.de/berlin/corona-numbers-still-rising-exponentially-100m-for-new-coronavirus-clinic-und-free-rides-for-medical-personnel/25684208.html

[38] https://sfar.org/download/decision-dadmission-des-patients-en-unites-de-reanimation-et-unites-de-soins-critiques-dans-un-contexte-depidemie-a-covid-19/

sur le marché, "*en vue de la prise en charge des patients atteints ou susceptibles d'être atteints par le virus SARS-CoV-2*". Ce décret 2020-360 a été dicté par l'exécutif en "dérogation" de l'article L5121-12-1 du code de la santé publique, c'est-à-dire en violation d'un texte de loi voté par le parlement, raison précise pour laquelle les décrets sont, dans la hiérarchie des sources de droit, inférieurs aux lois.

Pour les informations pratiques, ledit décret se contente de renvoyer explicitement aux documents (protocoles) mis en ligne sur le site de la Société Française d'Accompagnement et de Soins Palliatifs. Celle-ci dispense des "*propositions thérapeutiques concernent les patients qui, après décision collégiale de limitation de traitements ne sont pas pris en charge en réanimation*", ou encore les patients "*qui n'auront pas pu bénéficier d'une hospitalisation en service de réanimation ou pour lesquels une décision de limitation de traitements actifs a été prise*".

La SFAP précise qu'il ne s'agit pas de précipiter leur décès mais de leur assurer un apaisement. Elle ajoute que ces propositions thérapeutiques ne sont pas à suivre "*dans les régions où le système de santé n'est pas débordé*", ce qui signifie qu'elles sont à appliquer là où le système de santé est débordé. Telle était donc la situation. Il est vrai que la médecine a aussi pour objet de soulager la souffrance même lorsqu'elle ne peut pas guérir, mais on entend généralement par là l'incurabilité médicale (raison biologique) plutôt que l'incurie politique (raison d'État).

Parmi la dizaine de sédatifs terminaux utilisés dans les hôpitaux, le Vidal explique que le choix du clonazépam pour l'administration à domicile n'est qu'une solution d'attente jusqu'à la généralisation de l'utilisation du midazolam (pour l'instant seulement disponible à l'hôpital) promise par le gouvernement pour juin. Celui-ci, en s'abritant comme d'habitude derrière les recommandations qu'il fait prononcer par la Haute Autorité de Santé, avait lancé fin 2019 un chantier devant déboucher sur un nouveau Plan d'Accompagnement de la Fin de Vie et des Soins Palliatifs.

Le 10 février, à peine rentré des Contamines le ministre Agnès Buzyn a fièrement fait le point sur ce programme, et annoncé qu'il permettrait "*d'ici quatre mois*" la délivrance aux médecins du midazolam en injection pour la fin de vie à domicile, et ferait modifier pour cela l'autorisation de mise sur le marché du midazolam. Son communiqué de presse du 10 février déplore que "*alors que près de 4 français* [*sic*] *sur 10 décèdent à domicile ou en EHPAD* [...] *il existe encore de nombreuses situations où les soins palliatifs ne sont pas mis en œuvre, ou trop tardivement*". Ainsi, le coronavirus n'a pas accéléré mais plutôt retardé la mise en œuvre du nouveau Plan d'Accompagnement de la Fin de Vie, qui était déjà lancé.

Agnès Buzyn avait été nommée ministre de la santé en connaissance de ses opinions personnelles favorables à l'euthanasie, publiquement exprimées en 2015 lors d'un colloque sur la fin de vie au Grand Orient de France. Lors du projet de loi sur le grand âge, elle avait déclaré le 28 mars 2019 (un an jour pour jour avant la signature du décret 2020-360) l'urgence de provoquer une prise de conscience à l'échelle nationale et d'agir "*sur tous les fronts pour intégrer enfin le risque de la perte d'autonomie des personnes âgées*". Il est vrai que les dépenses liées à la perte d'autonomie représentaient 1,4% du PIB (30 milliards d'euros, soit presque la moitié du budget direct de l'immigration) en 2015, d'après le fameux rapport de consultation "Grand âge et autonomie" publié par le ministère le 28 mars 2019.

Sur le plan technique, il faut préciser qu'en soi le midazolam n'est pas plus fatal que le clonazépam, et que l'un comme l'autre sont aussi utilisés comme médicaments, à savoir pour soulager la douleur, notamment par administration orale (en doses bien inférieures) y compris chez des nourrissons non condamnés, pour leurs effets sédatifs et antalgiques, dans la même utilisation que la morphine ou ses dérivés. Dans le cadre prôné par le gouvernement il s'agit donc bien d'ôter la douleur de l'agonie, comme le prévoyait plus ou moins la loi 2016-87 (dite loi Claeys-Leonetti) instituant "le droit à" l'euthanasie.

Certes les principales contre-indications pour le clonazépam, d'après son autorisation de mise de marché (dérogée par le décret 2020-360), sont la dyspnée et la détresse respiratoire, or le décret et ses modalités d'application le prescrivent justement en cas de dyspnée, détresse respiratoire ou risque de leur apparition. Mais ce n'est pas ce poison qui tue les patients "*atteints ou susceptibles d'être atteints*" par le coronavirus. Pour mieux comprendre, il faut lire la fiche outil 2 (recommandation de bonne pratique) de la Haute Autorité de Santé sur les pratiques sédatives chez l'adulte pour le médecin généraliste, détaillant la prise en charge médicamenteuse en situations palliatives jusqu'en fin de vie.

Ce document antidaté de janvier 2020 et finalisé le 7 février (jour de la fermeture prudente et veille de la réouverture autoritaire de la station de ski des Contamines), en tout cas quand le gouvernement assurait qu'il n'y avait aucun risque que le coronavirus atteignît la France, tout en sachant depuis un mois, d'après les confessions d'Agnès Buzyn au Monde le 16 mars, que c'était inévitable. Il y est précisé qu'il existe deux catégories de sédation, les sédations proportionnées réversibles visant le soulagement du symptôme, et les sédations profondes et continues visant l'altération de la conscience jusqu'à ce que mort s'ensuive.

Dans ces dernières "*les traitements de maintien artificiel en vie, dont la nutrition et l'hydratation, doivent être arrêtés*". Un document complémentaire de la HAS intitulé "Méthode Recommandations pour la pratique clinique", également antidaté de janvier mais finalisé le 11 février, reprend la même phrase enjoignant l'arrêt de la nutrition et de l'hydratation. La HAS a aussi actualisé le 7 février (et aussi antidaté de janvier) son guide "Comment mettre en œuvre une sédation profonde et continue maintenue jusqu'au décès", qui, après avoir explicité les exceptions, recommande cependant "*l'hydratation et la nutrition artificielles devraient être arrêtées*". L'intéressé meurt donc de déshydratation, et en état d'inanition, mais inconscient.

Le décret 2020-360 du 28 mars 2020 se réclamant de l'état d'urgence sanitaire ne facilitait (recommandait) l'euthanasie que jusqu'au 15 avril (urgence initiale). Toutefois le 31 mai, après le désengorgement du système hospitalier et la fin de l'assignation à domicile, ses dispositions ont été reconduites par le décret 2020-663, indéfiniment. Le rivotriage a donc été durablement institué. Une pratique décidée par l'État, prescrite par plusieurs textes juridiques et appliquée à des milliers de Français vaut bien qu'on lui forge un néologisme autre que SPCMD ou "*sédation profonde et continue maintenue jusqu'au décès*". Cette sédation profonde avec privation de nutrition et d'hydratation jusqu'à ce que mort s'ensuive est prescrite et appliquée en cas de suspicion d'atteinte par une maladie dont un développement sévère risquerait dans le pire des cas d'entraîner la nécessité de soins intensifs pour un patient arbitrairement (ou rationnellement) jugé non prioritaire.

Le 16 mars, la SFAP a diffusé, sous le titre "Enjeux

éthiques de l'accès aux soins de réanimation et autres soins critiques (SC) en contexte de pandémie Covid-19"[39], le résumé d'un texte de recommandation professionnelle pluridisciplinaire opérationnelle "*intégrant le recours à la réanimation dans une vision globale du parcours patient*". Ce texte, se référant à une contribution du Comité Consultatif National d'Éthique intitulée "enjeux éthiques face à une pandémie" du 13 mars, présente en introduction un contexte "*où les ressources humaines, thérapeutiques et matérielles pourraient être ou devenir limitées*" ce qui pourrait donc imposer "*des choix difficiles et des priorisations dans l'urgence concernant l'accès à la réanimation, les limitations de traitements et l'accompagnement de fin de vie*".

Effectivement ce sont les décisions budgétaires prises par l'échelon politique (payé pour prévoir) qui avaient amené cette pénurie de moyens, désespérément dénoncée l'année dernière par un millier de chefs de service d'urgence. Et c'est par une décision politique que le gouvernement a refusé l'aide du secteur clinique privé, qui avait proposé ses services de réanimation avec assistance respiratoire lorsqu'il est apparu que le secteur public allait être débordé.

Pour mémoire, la moitié des patients admis en réanimation ventilée survivent, mais la totalité des patients non admis lorsqu'ils en ont besoin décèdent, ainsi que la totalité des vieux rivotriés car "*susceptibles d'être atteints*" par le coronavirus, ou résidant dans des régions où le système de santé a été placé en situation d'être débordé.

---

[39] www.sfap.org/system/files/gt_etic_rea_covid_16_mar_20_19h_0.pdf

Évidemment le gouvernement ne compte pas les rivotriés, qu'ils aient été exécutés à l'hôpital ou à domicile, parmi les victimes du coronavirus.

La courbe de contamination de la population fut comme ailleurs d'ascendance rapide au début, en l'occurrence exponentielle comme le montrent les données de tous les pays en début d'infection. De toute évidence, lorsqu'un contaminé évolue dans un environnement essentiellement vierge il a plus de probabilités d'y contaminer des personnes saines que lorsqu'il évolue dans un environnement déjà constitué pour moitié d'autres contaminés. C'est ainsi que l'accélération initiale de la montée de la courbe de contamination finit par diminuer, puis devient nulle donnant à la courbe un aspect de ralentissement de sa montée puis de plateau à vitesse de contamination constante, jusqu'à épuisement de la population contaminable.

Le cauchemar des gouvernements lucides est la courbe en cloche pointue, où trop de cas simultanés détruisent le système de santé, et l'objectif des gouvernements sérieux est donc de réduire autant que possible l'accélération initiale ("aplatir le chapeau" selon l'expression du premier ministre britannique), espérant une contamination progressive de la population à un rythme aussi constant que possible. À cela les gouvernements responsables ajoutèrent le souci de repousser le point d'inflexion signalant le début de l'accélération rapide de la courbe de contamination, afin de mettre à profit le délai ainsi gagné pour renforcer le système sanitaire et acquérir, par exemple, des équipements supplémentaires[40].

Il est difficile de deviner l'allure réelle, et encore plus l'aspect futur, de la courbe d'un pays dont le gouvernement dissimule les chiffres essentiels. On pouvait néanmoins subodorer que le pays mettrait quelques mois à atteindre le plateau de sa courbe de contamination, à savoir la vitesse de croisière de l'épidémie, s'il n'avait pas imposé une pause à la courbe ascendante.

On a calculé le 1er avril que le total cumulé de 32 000 décès, à savoir 20% du total de 160 000 contaminés symptomatiques jusqu'au 6 avril, devrait être atteint vers le 27 avril. Or justement, le 20 avril le gouvernement a annoncé le passage de la barre des 20 000 décès, et le 26 avril Jacques Battistoni, président du syndicat de médecins généralistes MG, a expliqué qu'au moins 9000 décès à domicile entre le 17 mars et le 19 avril n'étaient pas encore comptés, et que le pays avait donc déjà plus de 30 000 décès.

Une trentaine de milliers de décès en plus par rapport à la mortalité normale de l'année, cela reste pour le gouvernement une donnée gérable, et même le cas échéant escamotable comme l'a montré la canicule de l'été 2003. Début juillet, le régime, qui a accentué sa pression sur le thanatomètre, ne reconnaît encore que moins de 30 000 décès, donc moins que ce qui était calculé par les professionnels de la santé deux mois plus tôt. Depuis plusieurs mois déjà, il faut donc systématiquement ajouter

[40] Par exemple Israël a acheté plusieurs milliers de respirateurs, et le Chili a doublé en trois semaines le nombre de lits hospitaliers d'urgence.

50% au score officiel, au minimum.

Certes, en avril a eu lieu la réduction du coefficient d'accélération de l'épidémie, du fait de la conséquence, visible avec un décalage de deux semaines, du confinement entré en vigueur, dans la partie du pays soumise aux lois, la deuxième quinzaine de mars. Les autorités ont fièrement annoncé que le confinement avait ramené le nombre de contagions à 0,5 par porteur, un coefficient théorique emprunté à la Corée du Sud et tributaire d'un confinement séparé des porteurs et des autres, donc d'un dépistage général avant confinement.

Mais en l'absence de dépistage et séparation, tout porteur sain (ou cachant des symptômes bénins) initial a dû contaminer au moins les personnes avec lesquelles il a été en cohabitation forcée. Après huit semaines d'assignation à résidence, on peut certainement estimer que tout le noyau familial cohabitant avec un infecté (foyer domiciliaire) a été contaminé, soit 2,2 personnes par ménage français moyen, porteur initial compris.

Cette dynamique, même sans contagion de tiers non cohabitants, signifie une multiplication par 2,2 du nombre de porteurs entre le début et la fin de l'arrêt domiciliaire. Le délai moyen entre la contamination et le décès étant largement écoulé, et à taux de létalité constant, on pouvait s'attendre, lors du desserrement social et économique dit "déconfinement", à un nombre cumulé de décès égal à celui de la mi-avril (maturation et découverte des cas non déclarés au moment de l'enfermement) multiplié par 2,2, soit de l'ordre de 50 000 à 70 000 morts. Tout autre total officiel paraît donc suspect.

Ce nombre ne concerne pourtant que les sujets libres assignés à résidence. Il ne prend pas en considération l'hécatombe vraisemblable dans les maisons de retraite, compte tenu d'une part d'une cohabitation par dizaines ou centaines de pensionnaires plutôt qu'en couple augmenté, d'autre part de la pratique pas très exceptionnelle de l'enfermement en chambre sans soins (et parfois sans nourriture), et enfin du rivotriage actif.

L'étude du Collège Impérial publiée le 30 mars procédait rétroactivement à des estimations de population infectée à une certaine date à partir du nombre de morts déclarés dix-neuf jours plus tard, puis effectuait une projection tenant compte des mesures de contention non pharmaceutiques prises par le pays considéré. Or les décès déclarés par la France induisaient qu'à la date du 28 mars seulement 3% de la population française (soit deux millions de personnes) était infectée, un taux plutôt rencontré dans les pays contaminés plus tardivement. La logique suggère que le taux de prévalence ait pu être en réalité similaire à celui des pays contaminés au même moment, mais que le nombre de décès ait été sous-évalué.

Alors que l'Espagne a pris les mêmes mesures que la France aux mêmes dates (voire un à trois jours plus tôt pour certaines), contrairement à l'Italie qui les avait précédées d'une semaine et demi, le nombre de décès déclaré par l'Espagne a rejoint celui de l'Italie, puis l'a dépassé quand les mesures de contention ont commencé à ralentir la progression de l'épidémie en Italie, tandis que le nombre de décès déclaré par la France est resté largement en retrait de celui de l'Italie qui a la même population et de celui de l'Espagne, moins peuplée, qui a pris les mêmes mesures que la France au même moment. Voilà un autre indice du contrôle, à défaut de l'épidémie, du thanatomètre français.

Basées sur le nombre de décès déclarés, les estimations du Collège Impérial d'abord en termes de population contaminée puis en termes de décès futurs sont donc inévitablement fausses. On doit considérer que le taux de contamination de la population française est bien plus élevé, et logiquement plus près du taux de contamination de l'Espagne (15%), qui a pris les mesures de contention au même moment, que du taux de l'Italie qui les a prises, et plus draconiennes, une semaine et demie plus tôt. Cela signifie que le nombre de décès en France est vraisemblablement au moins équivalent à celui de l'Espagne (ou plus si la France a bien été contaminée plus tôt), augmenté de 42,55% puisque la population française est supérieure de 42,55% à la population espagnole.

Effectivement le nombre quotidien de décès semblait se stabiliser, à la fin de la première décade d'avril. L'Espagne ayant à la date du 9 avril atteint un total de 15 238 morts, on pouvait considérer d'après la règle de trois ci-dessus que la France devait avoir alors de l'ordre de 21 700 morts, ce qui semble en ligne avec les 30 000 morts au 20 avril d'après le Dr Battistoni. Au 30 avril l'Espagne a annoncé 24 543 décès, donc la même règle de trois donnerait 35 000 pour la France, et non pas le chiffre officiel de 24 376 qui ignorait toujours les 9000 morts à domicile du 17 mars au 19 avril… plus ceux entre le 20 et le 30. Début juillet, ajouter 42% aux chiffres espagnols ou 50% aux chiffres français officiels mène à un résultat autour de 45 000.

On voit donc là encore une trajectoire vers un nombre à six chiffres à l'automne si les mesures de contention étaient restées en place, ou avaient été en vigueur vingt jours par mois jusque-là. Par contre, après la levée des mesures de contention l'épidémie sera de nouveau sur une trajectoire exponentielle.

Le Collège Impérial de Londres considérait que les

mesures de contention prises dans la deuxième quinzaine de mars ramèneraient en guère plus de trois semaines le taux de reproduction de l'épidémie à 1, c'est-à-dire que l'épidémie serait alors contenue, le nombre de contaminés restant constant car chacun ne contaminerait, en moyenne, qu'une seule personne avant de cesser soi-même (par rémission ou par décès) d'être contaminé. Cette phase se caractérise par un nombre quotidien de décès constant, et donc une courbe en ligne droite. Cet effet ne dure certes que le temps du maintien de ces mesures, et cesse dès qu'elles sont levées avec alors une reprise de la courbe normale, constatable un mois plus tard par le nombre de décès.

Cette estimation épidémiologique de la contamination d'une seule personne par tout porteur grâce aux mesures de contention n'est pas très différente de l'estimation sociologique à laquelle on vient de procéder plus haut, à savoir la contamination par tout porteur de ses cohabitants, soit 1,2 personnes en moyenne en France. Mais, compte tenu des choix politiques déclarés fin avril, on peut rappeler que d'après le Collège Impérial, dont les conclusions présentées en primeur au président Macron le 12 mars l'avaient conduit à décider immédiatement (mais annoncer après le scrutin municipal) l'assignation générale à domicile, la contagion en milieu scolaire est responsable d'un tiers de la propagation de l'épidémie…

Ce gouvernement a passé quatre mois à mentir effrontément, faire volte-face après volte-face sur tous les sujets, et démontrer une incompétence totale même pour les simples détails administratifs. Il a rouvert le 18 mai les écoles secondaires, en un mouvement plein de contradictions mais marqué d'une part par l'inconsidération totale des questions d'enseignement, débouchant sur la multiplication de risques inutiles, et d'autre part par la décharge de la responsabilité politique sur les parents (et sur les écoles).

Peut-être aidé en cela par son très cher cabinet étatsunien de conseil en déconfinement, le ministère avait prévu un dispositif tendant à maximiser le nombre d'élèves et à minimiser le nombre de journées et d'heures de cours, comme s'il s'agissait d'en distribuer au mieux la pénurie. Cela paraissait totalement incohérent en termes sanitaires, sauf si l'objectif était en fait, de nouveau, de fomenter une contamination aussi large que possible pour atteindre plus vite l'illusoire "immunité collective". Les parents d'élèves ont massivement rejeté cette prise de risque, révélant la perte totale de confiance de la population dans le gouvernement.

D'une manière générale, il semble que le gouvernement français sous-estime largement le nombre de victimes. Inévitablement, des médecins et démographes feront les comptes, qui faute de véritable opposition parlementaire seront présentés par les dissidents, qualifiés d'adeptes des théories du complot et bannis des supports internet. D'autre part le déconfinement général sera le point de départ d'une nouvelle vague de contagion selon la dynamique débridée de l'épidémie, dont les résultats apparaîtront après un mois de maturation.

Le tragique bilan pourra sortir à tout moment entre juillet et septembre, et sera suivi de quelques semaines de déni, fausses hésitations, discussions, accusations et indécisions politiques. Et il faut aussi tenir compte de l'inconfiscable et irrépressible départ en vacances d'été des gouvernants et des Parisiens. Pour mémoire, à l'annonce de l'assignation à domicile, le 16 mars au soir, un cinquième des Parisiens a choisi l'exode, avec l'acquiescement manifeste de l'exécutif pour la dissémination massive dans les provinces. Il est vrai qu'une semaine plus tôt, le 9 mars, le ministre Olivier Véran avait encore déclaré que "c'est le confinement qui provoque la circulation du virus".

Mais la vérité finira bien par sortir. Et après ? "*Après, c'est une autre histoire*", disait Titus le petit lion.

Enjeux mondiaux

Le coronavirus permet d'expliquer ou d'accélérer un certain nombre de phénomènes déjà ou nouvellement en cours au niveau mondial. En fait, la pandémie est arrivée très opportunément, au moment précis où certains effondrements étaient inévitables à court terme, et aussi à un moment idoine pour certaines reconfigurations.

Il n'est pas nécessaire d'aborder dans cette étude la question de la surveillance et du pistage généralisés, la possibilité de l'avènement d'un système *Big Brother* étant largement traitée et popularisée depuis quelques mois.

Quand bien même le virus s'est échappé accidentellement du laboratoire, on ne peut s'empêcher de penser qu'il avait été développé, et était encore en cours d'amélioration, dans un but qui ne peut être qu'effrayant. Il y a des armes de chasse, d'abattage, de guerre, de défense, de criminalité, de dissuasion, de sport… Contrairement à ce que des commentateurs rapides ont pu imaginer, le coronavirus n'est pas une arme de guerre.

Une arme de guerre doit être discriminante, soit par sa nature soit par son application, c'est-à-dire qu'elle doit neutraliser l'ennemi et épargner l'ami, et même aujourd'hui (chez les peuples civilisés) neutraliser les forces armées de l'ennemi et épargner sa population. Elle doit avoir un effet instantané ou temporaire, c'est-à-dire qu'elle ne peut continuer d'agir indéfiniment. Elle doit apporter un avantage sur l'ennemi, c'est-à-dire qu'elle ne peut provoquer des pertes équivalentes sur les deux belligérants. D'une manière générale, elle doit être manipulable et maîtrisable.

Par contre rien n'interdit de penser que le coronavirus puisse être un outil de dépopulation, sans nécessairement qu'il ait été destiné à être lâché initialement là où il est sorti. Il y a aujourd'hui dans le monde des personnes, en position d'influence ou de pouvoir, qui sont convaincues que l'humanité est en surpopulation ou le sera bientôt, et qu'il faut donc mettre fin à son expansion démographique incontrôlée, voire procéder à une réduction de population. Que cela procède de bonnes ou de mauvaises intentions, pour le bien de l'humanité ou pour celui de la planète, il est statistiquement improbable que des projets n'existent pas déjà pour ce faire, et l'un d'eux est même gravé dans la pierre, littéralement.

On peut se demander quel serait l'outil idéal, et constituer son cahier des charges idéal. Il faudrait qu'il ne touche que l'humanité, sans endommager son environnement même proche et sans provoquer de gros dégâts physiques (que l'humanité résiduelle voudrait inévitablement reconstruire), ce qui élimine les outils cinétiques, radiologiques et chimiques, et implique un agent biologique ciblant exclusivement l'homme. Il faudrait qu'il soit extrêmement contagieux, rendant difficile sa contention, et qu'il ait une longue période d'incubation asymptomatique mais contagieuse, rendant difficile sa détection avant large diffusion. Il faudrait qu'il touche préférentiellement la catégorie de population la moins utile et la plus coûteuse et sans perspective de rémission, c'est-à-dire les vieux. Il faudrait qu'il cause le moins de morts possible hors de cette population, tout en se répandant largement, et silencieusement, parmi la population générale.

Étant ainsi sélectif, il faudrait qu'il ait un fort taux de létalité parmi la population visée afin de produire le changement de dimension souhaité, et une grande innocuité pour le reste de la population afin de s'y répandre largement. Il faudrait qu'il soit auto-immune, afin d'empêcher la mise au point d'un vaccin qui le neutraliserait, voire qu'il puisse retourner à son profit le système immunitaire naturel, afin que les anticorps facilitent sa diffusion. Ainsi il resterait endémique dans la population, à l'affût des organismes humains faiblissants ou vieillissants, afin de ne pas devoir être réinventé à chaque génération. Il faudrait aussi qu'il réduise la fertilité humaine, afin que les pertes ne soient pas compensées par un accroissement de la natalité, et qu'un problème de surpopulation humaine ne se pose pas de nouveau une ou dix générations plus tard.

En bref, l'outil idéal devrait s'implanter si possible dans chaque être humain, en stériliser une partie, se transmettre infailliblement aux prochaines générations, et agir comme un compteur ou un chronomètre déshabilitant l'organisme humain à un certain âge. De nombreux microbes ont infecté l'humanité au cours de son histoire, certains plus transmissibles, d'autres plus mortels, certains plus incapacitants, d'autres plus rémanents, certains contre lesquels l'humanité s'est immunisée et d'autres qui resteront endémiques à jamais. Aucun, jusqu'à présent, n'avait réuni tous les critères d'un tel cahier des charges. En 2020, ce cahier des charges ressemble au portrait-robot de la nouvelle célébrité de l'année. Ces supputations ne relèvent bien sûr que de l'exercice intellectuel.

Plus sérieusement, une construction majeure qui n'a pas encore été sérieusement évoquée afin de ne pas affoler prématurément les peuples, c'est le gouvernement mondial, ou plutôt, selon une expression censée paraître moins inquiétante, la gouvernance mondiale.

Le 26 mars, l'ancien premier ministre britannique Gordon Brown a appelé les gouvernants du monde à former d'urgence un gouvernement mondial temporaire, mais doté d'un véritable pouvoir exécutif, pour lutter contre la pandémie. Ce gouvernement de crise devrait selon lui comporter des gouvernants ("*world leaders*"), des experts de la santé et des chefs d'organisations internationales.

La Commission Européenne, seul exécutif supranational au monde (l'ONU étant une conférence paritaire dont les règlements internes ne lui donnent pas autorité sur ses membres souverains), se voit certainement comme l'embryon ou le prototype de la future pangéocratie. D'ailleurs dans la bande dessinée *Infected*, réalisée par Jean-David Morvan en 2012 sur commande et à la gloire de la Commission Européenne, c'est en s'érigeant en gouvernement mondial que celle-ci sauve le monde d'une pandémie mondiale meurtrière, grâce à un triumvirat composé de technocrates uniopéen, étatsunien et onusien appuyé par une assistante chinoise.

En septembre 2019 l'Union Européenne a organisé le premier Sommet Mondial de la Vaccination, conjointement avec l'OMS, et annoncé un partenariat durable avec celle-ci pour appliquer au niveau mondial la politique uniopéenne de vaccination (qui a récemment multiplié par quatre le nombre de vaccins obligatoires dans l'UE). À cet effet, le gouvernement supranational uniopéen et l'organisation internationale pour la santé ont expressément demandé que le monde apporte un soutien sans réserve à Gavi, l'instrument politique privé du ploutocrate malthusianiste William "Bill" Gates, voué à la vaccination de l'humanité.

Dans ses outils de communication, Gavi Alliance se

surnomme "le GAVI" et se présente fallacieusement comme étant une organisation internationale, soi-disant créée en 2000. En réalité Bill Gates avait demandé en 1999 à l'OMS et à la Banque Mondiale (plus tard rejoints par l'UNICEF) de participer à son programme de vaccination universelle, qu'il avait pompeusement appelé *Global Alliance for Vaccines and Immunisation* alors qu'il n'avait aucune existence légale.

Pour pallier à ce léger inconvénient (les gens et les organisations respectables qu'il sollicitait aiment se justifier par des papiers) notamment bancaire alors qu'il devenait un ploutocrate de stature internationale, il créa début 2000 la aujourd'hui fameuse Bill & Melinda Gates Foundation, dont la première mission fut d'adopter officiellement ce projet. Celui-ci resta une simple ligne de programme sans statut juridique, et donc incapable d'ouvrir ne serait-ce qu'un compte bancaire à son nom, puis devint une société de fait en 2007, qui fut finalement enregistrée sous la raison sociale de Gavi Alliance, fin 2008, au Registre cantonal du Commerce de Genève (ça met une adresse internationale sur le papier à en-tête), comme association à but non lucratif avec un capital social ridicule (50 000 F) eu égard à ses ambitions mondiales.

Ce statut lui interdit de faire de la politique et de tenter d'influencer la législation, ce qui ne l'empêche pas d'être accusé de corruption de gouvernements du tiers-monde en vue d'imposer des campagnes de vaccination massive, ni d'être accusé d'empoisonnement de populations vulnérables, par des vagues d'effets indésirables pas toujours secondaires. Cette personne morale de droit privé suisse a cependant pris un numéro d'enregistrement fiscal aux États-Unis, comme association étrangère à but non lucratif, formalité légale allégeant la vie fiscale de ses donateurs étatsuniens. Son premier contributeur est la fondation Bill & Melinda Gates, pour 20%, mais le propriétaire de ses domaines internet gavi.org et gavialliance.org souhaite rester secret.

Son comité directeur est le modèle de la mixité prônée pour la gouvernance mondiale instituée par la Grande Réinitialisation de l'année prochaine, mêlant des représentants de la recherche médicale, de l'industrie pharmaceutique, des gouvernements donateurs et bénéficiaires, de l'OMS, de l'UNICEF, de la Banque Mondiale, et bien sûr de la fondation Bill & Melinda Gates[41].

Justement la conclusion ("appel à l'action") des manœuvres Event 201 simulant une pandémie meurtrière à coronavirus, conduites en octobre 2019 à l'université Johns Hopkins à l'initiative du Forum Économique Mondial et de la fondation Bill & Melinda Gates, c'est qu'il faut une meilleure coordination entre les gouvernements, les organisations internationales et un autre acteur que le Forum appelle indifféremment secteur privé, entreprises, ou milieu international des affaires.

Cet exercice d'état-major convoqué par le grand capitalisme apatride a fait, tout au long de ses travaux, des entreprises de taille mondiale (les multinationales) l'égal des États souverains, et des organisations de concertation entre eux et de régulation des relations internationales. Il

---

[41] Cet exposé n'a pas pour objet de juger le travail humanitaire de William et Melinda Gates et Warren Buffet, mais d'illustrer le mécanisme de la ploutocratie, ou gouvernement par l'argent, ce moyen qui permet à trois multimilliardaires de s'imposer, par leurs donations, au sein des organisations internationales afin de se hisser au-dessus des États.

n'a pas hésité à donner des leçons aux gouvernements, à parler pour une "société civile", et il a même anticipé qu'en cas de pandémie sévère les services publics seraient vraisemblablement dépassés, rendant encore plus nécessaire la prise en compte des capacités des grandes organisations du secteur privé.

Les conclusions de cet Event 201 recommandaient donc l'établissement d'un Bureau Mondial de Contrôle de la Préparation, pour coordonner et guider les efforts des gouvernements, des organisations internationales et des entreprises. Dans ce schéma les grandes entreprises cesseraient d'être des personnes (morales) sujettes ou résidentes des États, devenant des sujets de droit international égaux aux États souverains. Plus focalisés sur les conséquences économiques qu'humaines d'une pandémie, cette recommandation ne s'embarrasse pas de considérations démocratiques, la légitimité technocratique et économique devant suffire à ce Bureau Mondial.

Le même Forum Économique Mondial (à ambition politique, on l'a compris) a annoncé le 3 juin le thème de son prochain sommet qui se tiendra en janvier 2021, à Davos comme d'habitude, mais simultanément complété par une téléconférence. Le sujet est le *Great Reset*, que le Forum traduit par la "Grande Réinitialisation". Par là le Forum veut reconstruire, et dans l'urgence, les bases du système économique et social mondial. Jouant de nouveau l'égalité des États et des sociétés de capitaux[42] il a convoqué les dirigeants des gouvernements qu'il considère

[42] "Société de capitaux" n'est pas un jugement de valeur ou un jargon marxiste mais une distinction juridique par rapport à une société de personnes.

principaux, ainsi que les dirigeants commerciaux du monde entier (il est même mentionné des dirigeants "de la société civile"), qu'il soumettra à un dialogue avec des gens qu'il aura sélectionnés sur la base discriminante de leur âge, en 420 points du globe.

Cela n'a pas empêché le Forum de faire annoncer le *Great Reset* par le futur roi d'Angleterre, ni celui-ci d'accepter. Ce sommet destiné à sauver *in extremis* la planète et l'humanité sera unique, c'est-à-dire qu'il ne sera pas le point de départ d'une série de conférences internationales ou verticales mondiales, mais qu'il devra entériner des décisions définitives annoncées comme un "nouveau contrat social" planétaire mettant la nature au cœur du mode de fonctionnement de l'humanité, et vraisemblablement rédigées avant l'exercice télédialectique dirigé depuis Davos.

Évidemment prévue depuis longtemps, cette Grande Réinitialisation, heureusement préoccupée par le changement climatique, justifie son urgence par la pandémie et prétend même s'intéresser au racisme, ce cheval de combat à la mode depuis le dernier homicide d'un délinquant noir par un policier blanc aux États-Unis. Elle annonce l'ère d'une quatrième révolution industrielle (numérique et biologique) et entend mettre fin au monopole de la gouvernance par les gouvernements politiques au profit d'une co-gouvernance partagée entre les gouvernements et les sociétés de capitaux[43].

Ce Forum Économique Mondial de Grande

---

[43] D'ailleurs la tenue et les modalités de cet acte enfreignent largement les souverainetés, les territoires, les légitimités et la démocratie des peuples.

Réinitialisation a aussi été annoncé et célébré par le secrétaire général de l'ONU António Guterres, la directrice générale du FMI Kristalina Georgieva, et d'autres mandataires internationaux. Georgieva a lourdement insisté, le 3 juin, sur la construction d'un monde "*plus vert, plus intelligent et plus juste*", ce qui est directement tiré de la réclame du Forum. Cela n'est d'ailleurs pas nécessairement rassurant à entendre prononcer par la directrice générale d'une institution internationale responsable de tant de dommages, de fautes et d'injustices, condamnant des peuples entiers à une misère proche de l'esclavage comme austère condition pour le sauvetage de leurs banques et la permission d'emprunter encore plus.

En tout cas il n'est pas anodin que, plutôt qu'un terme évoquant le renouvellement, la refondation, la mise en harmonie avec la nature ou la fin de la gabegie irresponsable, on ait choisi précisément le terme, en anglais (on lit parfois aussi *Big Reset*) comme dans les quatre autres langues (qui ne sont pas celles de l'ONU mais des puissances économiques), utilisé depuis dix ou vingt ans par les économistes pour désigner la nécessaire remise à zéro des compteurs de dette. Entre parenthèses, la remise des dettes n'est pas seulement la récompense de l'insolvabilité frauduleuse, c'est aussi la ruine des créanciers, par exemple les fonds de retraite détenteurs notamment d'obligations souveraines, c'est-à-dire ayant prêté aux gouvernements.

António Guterres avait déjà demandé en mars qu'un dixième de la production économique de l'humanité soit affecté à un fonds commun géré par une gouvernance mondiale, qui s'élèverait donc à trois mille fois le budget actuel de l'ONU. Il avait aussi demandé un cessez-le-feu global pour au moins trois mois, qui après un long différend de rédaction entre la Chine et les États-Unis (au sujet de l'OMS) a fini par être proclamé le 1er juillet, au moyen de la résolution 2532 (unanime) du Conseil de Sécurité, engageant surtout les pays qui respectent ces résolutions. Le 25 juin il a insisté sur la nécessité de constituer un instrument de gouvernance mondiale, et a aussi appelé à un multilatéralisme en réseau entre le système ONU, les organisations régionales et les institutions financières internationales.

Il est d'ailleurs notable que, alors qu'en d'autres temps on aurait convoqué les alliances militaires et les blocs idéologiques, ou les religions et civilisations, ou les agricultures et systèmes alimentaires, voire, en ce début 2020, les corps médicaux et la recherche scientifique, pour cette refondation de la société humaine l'ONU ait jugé nécessaire de mentionner spécifiquement les institutions financières. Pour mémoire, pendant les milliers d'années de relations enflammées ou codifiées entre peuples, sociétés et États qui ont précédé le milieu du XX° siècle, on aurait été incapable d'identifier un acteur financier de poids international, même depuis l'apparition des banques à la Renaissance.

En répétant le même message lors du 75° anniversaire de la signature de la Charte des Nations Unies, le secrétaire général a ajouté aux motifs habituels pour une gouvernance mondiale la méfiance généralisée et croissante à l'égard des gouvernements nationaux (sans y voir tout simplement une nécessité de responsabilité politique, de transparence ou de démocratie).

Il a aussi relevé la nécessité d'une centralisation mondiale de la lutte contre la désinformation, rappelant les monologues politiques de la France au XIX° siècle ou des régimes collectivistes au XX°, et semblant annoncer la fin de la pluralité d'information, manifestement plus urgente que la lutte contre le crime, la guerre ou le totalitarisme élitiste, inégalitaire et esclavagiste mahométan par exemple, auquel est pourtant soumise une part importante et croissante de l'humanité. Le secrétaire général présentera la Grande Réinitialisation, et le projet de gouvernance mondiale, à l'assemblée générale des Nations-Unies en septembre. L'affaire est donc sérieuse.

Parmi les quelques pays jaloux de leur souveraineté et suffisamment puissants pour opposer une certaine résistance à l'établissement de cette gouvernance mondiale, se trouvent les États-Unis. Ceux-ci viennent par exemple de se faire remarquer cette année non pas seulement en quittant l'OMS, mais plus vicieusement en allant jusqu'à inculper, et prétendre juger, les juges de la Cour Pénale Internationale, dont ils avaient signé les statuts fondateurs afin de la détruire de l'intérieur. Ils continueront, que leur gouvernement fédéral soit présidé par un âne ou par un éléphant (les symboles du monoparti biface), à prétendre se soustraire au joug mondial auquel ils ne détesteraient pas de soumettre le reste du monde.

À la lumière de cette constance, le printemps noir de 2020 prend une autre dimension. Financée non seulement par le tissu maillé autour de la Société Ouverte de George Soros, et bien sûr encadrée et entraînée par son bras armé Otpor (dont Black Lives Matter a adopté le poing fermé), cette nouvelle révolution de couleur est aussi, paradoxalement ou pas, financée par le grand capital étatsunien.

En effet l'inscription du mouvement Black Lives Matter comme un "programme" de l'organisation paravent Thousand Currents, vice-présidée par la célèbre terroriste communiste étatsunienne Susan Rosenberg, permet de bénéficier d'un dégrèvement fiscal pour toute donation audit mouvement, et il en reçoit. Il est aussi encadré, entre autres, par la Freedom Road Socialist Organization, qui est passée de la lutte des classes à la lutte des races et appelle à une vraie révolution contre le capitalisme, pas à une occupation symbolique de Wall Street. Cela n'empêche pas le "projet progressiste" (*Advancement Project*) de la Freedom Road Socialist Organization d'être, également, financée par les bonnes œuvres du grand capitalisme, comme l'Open Society, les fondations Rockefeller, Ford et autres.

Soutenu aussi ouvertement, par antagonisme partisan et idéologie, par le parti démocrate, ce mouvement n'est pas contrôlé par lui et va déjà bien plus loin que la discréditation du parti républicain rival, visant ostensiblement l'anarchie, c'est-à-dire l'instauration du chaos par le renversement non pas du président ou du gouvernement actuels, mais bien de l'État fédéral (et des plus gros États provinciaux). Les forces armées du pays, notamment la composante territoriale dite garde nationale, éviteront un déploiement international de rétablissement de la paix, mais l'établissement d'une gouvernance internationale peut tirer avantage d'un effondrement institutionnel des États-Unis.

Un enjeu qui semble pour l'instant rencontrer aussi peu de résistance que la gouvernance mondiale, c'est la réduction de la longévité humaine. La maladie tue essentiellement les vieux malades, c'était une certitude réconfortante jusqu'à la révélation d'une autre réalité, sur le terrain en Italie. Le syndrome inflammatoire multisystémique n'apparaît chez les enfants que deux ou trois mois après la contagion (et a mis longtemps à être caractérisée et reliée au SARS-CoV-2), alors que l'hypoxie tue les vieux en trois à quatre semaines après la contagion, et d'autre part pour les enfants contaminés cette année les conséquences en matière de fertilité ne seront connues que dans une ou deux décennies, et les conséquences neurologiques ne seront connues que dans leur vieillesse.

La pratique du tri par l'âge, du refus d'hospitaliser les vieux dans le monde entier (et l'interdiction de les traiter à domicile, en France), la systématisation de l'enfermement en chambre et sans soins dans les maisons de retraite du monde institutionnellement développé, ont été largement acceptées par les populations d'âge actif, celles qui comptent sur le plan politique. Et en abolissant l'échelon de la cité, et donc l'esprit civique au sens étymologique, le passage de la démocratie provinciale ou nationale (où les vieux et les improductifs avaient une voix) à la technocratie mondiale renforcera le matérialisme utilitariste cynique transhumain, pour ne pas dire inhumain.

On a vu, en d'autres temps, des populations se porter spontanément aux frontières face à la menace d'une invasion, ou élever des murailles face à la menace d'une épidémie, et on en a vu renverser des gouvernements pour intelligence avec l'ennemi. En 2020 des gouvernements ont refusé de fermer les frontières, au mépris de leurs plans "pandémie" et en important volontairement le virus, sans que les populations concernées réagissent. On a vu, en d'autres temps, des populations prendre d'assaut des magasins généraux, des arsenaux ou des ministères en raison d'une disette ou d'un nouvel impôt. En 2020 on n'a rien vu de tel. On a vu, en d'autres temps, des populations opprimés prendre d'assaut les prisons pour libérer ses représentants.

Mais en 2020 aucune maison de retraite n'a été libérée par les familles des internés, dans tous les pays où l'on savait pourtant que le tiers des décès se produisait dans ces établissements. Dans la société matérialiste hédoniste nucléarisée la mort dérange, la maladie gêne, la vieillesse embarrasse.

Deux générations après l'institutionnalisation de l'avortement, les sociétés post-chrétiennes sont mûres pour l'institutionnalisation de l'euthanasie, qui vient d'avoir lieu en France, discrètement mais sûrement. Le régime n'aura pas besoin de mandater des Jacques Attali pour animer un grand débat de société, la question est réglée et la solution finale est passée. Pour des raisons économiques, à savoir la réduction des budgets de santé et de retraite, et sous des couverts civiques, à savoir la concentration des moyens médicaux sur ceux qui sont le plus à même d'en tirer un bénéfice de santé, on a décidé la limitation de la longévité humaine, qu'on présentera comme un droit à rester en bonne santé jusqu'au dernier jour (et donc à ne pas voir le jour où on passerait en mauvaise santé).

Comme on le notait le 25 juin[44], la pandémie a facilité l'offensive de l'Union européenne contre la consommation de viande dans le monde. En mars elle a fait fermer d'abord les abattoirs porcins étatsuniens, notamment le plus grand (Smithfield) qui fournissait le vingtième de la viande porcine du pays, forçant les éleveurs à réduire le cheptel de femelles reproductrices, malgré la réduction d'un tiers de leur effectif mondial l'année dernière en Chine. Puis elle a fait fermer des abattoirs et conserveries de bœuf et de poulet, aux États-Unis et au Brésil. En avril la pandémie a fait fermer des abattoirs un peu partout en Europe, notamment le plus grand, celui de Tönnies Fleisch à Rheda-Wiedenbrück, qui fournissait entre le quart et le tiers du

[44] http://stratediplo.blogspot.com/2020/06/le-coronavirus-est-il-ununiopeiste.html

marché allemand de la viande.

Le Monde du 18 mai s'interrogeait sur la raison de l'apparition de tant de foyers d'infection dans les abattoirs européens, où les normes sanitaires sont omniprésentes. Effectivement des entreprises et administrations où prévalent les mêmes conditions de promiscuité sur le travail ou l'emballage à la chaîne sont épargnées. Par ailleurs on remarque que le reste de la production agroalimentaire est épargné (conserveries, fromageries, biscuiteries…), sans parler des centres des impôts.

En fait tout cela tombait à point pour l'Union Européenne qui a dévoilé le 20 mai son Pacte Vert, une ambitieuse thérapie de choc pour achever sous dix ans la politique agricole commune en la rendant, pour résumer, moins productive mais plus propre, et surtout en réduisant la surface dédiée à l'élevage, en vue d'amener tout le continent à la "neutralité climatique".

Le volet alimentaire de ce programme, une stratégie nommée "de la ferme à la table" qui a aussi été présentée le 20 mai aux instances uniopéennes (communication 381[45]), invoque la pandémie coronavirale pour se justifier, bien qu'elle soit en préparation depuis une dizaine d'années. Au chapitre intitulé "*promouvoir la transition mondiale*", la Commission Européenne affirme son ambition de faire appliquer ce programme au monde entier pour "*faire du système alimentaire de l'Union une norme mondiale*".

La communication 381 assène que "*l'agriculture est*

---

[45] https://eur-lex.europa.eu/legal-content/FR/TXT/?uri=CELEX:52020DC0381

responsable de 10,3% des émissions de gaz à effet de serre", sans mentionner qu'elle est aussi responsable de l'alimentation de 100% des citoyens, et elle assure que "*près de 70% de ces émissions sont imputables au secteur de l'élevage*", sans en conclure que l'élevage ne produit donc que 7% des gaz à effet de serre de l'Union Européenne, ce qui en fait certainement le deuxième secteur économique le moins nuisible par surface occupée et donc par volume d'atmosphère, après l'agriculture. La Commission Européenne affirme que "*les comportements alimentaires actuels ne sont pas durables*", et qu'il faut donc passer à "*un régime alimentaire plus végétal avec moins de viandes rouges et transformées*". Son programme de recherches sur l'entomophagie, qui se comptait jusqu'à présent seulement en millions d'euros, passe désormais à l'échelle des milliards.

Les objectifs environnementaux et sociétaux dudit Pacte Vert uniopéen ne se réaliseront pas sans un "*changement drastique des régimes alimentaires*", aussi la Commission Européenne entend promouvoir des systèmes alimentaires durables basés sur des "*protéines de substitution telles que les protéines végétales, microbiennes, marines et dérivées d'insectes ainsi que les substituts de viande*", expression souvent utilisée pour justifier la multiplication par mille des budgets de recherche et développement sur l'entomophagie, passant notamment par l'agence para-supragouvernementale International Platform of Insects for Food and Feed.

Le ratio de conversion de deux kilogrammes de nourriture en un kilo d'insectes est inégalé, et on fait miroiter un triplement de la consommation humaine d'insectes dans l'UE d'ici trois ans (2023), de quoi tenter tout producteur de protéines alimentaires ne trouvant plus d'abattoir pour ses quadrupèdes. Sur le plan juridique la

Commission Européenne n'a pas chômé depuis 2011, avec une étude "diététique" en octobre 2015 puis les règlements 2015/2283 de janvier 2018 et 853/2004 de janvier 2019 sur l'entomophagie…

Certes on ne peut qu'approuver une maîtrise de la grosse surconsommation carnée du dernier siècle, propre des populations urbaines qui n'ont jamais eu à tuer autre chose qu'une mouche, et facilitée par l'industrialisation de la chaîne alimentaire.

En réaction à la campagne de communication lancée par l'Union Européenne le 20 mai, des organisations professionnelles de la filière animale du monde entier ont diffusé le 4 juin une lettre ouverte sur la valeur de l'élevage. Cet appel précisait que 1,3 milliard d'humains dépendent de l'élevage pour leur emploi et plusieurs milliards d'autres pour l'alimentation de leur famille, et demandait que les autorités combattent la campagne de dénigrement et consultent les experts de l'alimentation pour le bien de la société humaine. La collusion de l'UE et du coronavirus inquiète sérieusement la filière carnée mondiale.

Plus généralement, certains signaux faibles permettent de supposer qu'on pourrait être à la veille d'une initiative mondiale, d'apparence populaire, visant à interdire l'exploitation humaine (du moins lorsqu'elle est inhumaine) des animaux non arthropodes pour la nourriture, la force de travail voire le spectacle. Certains défenseurs actuels de la lutte des races pourraient passer à la lutte des espèces, ou la défense des espèces opprimées. Évidemment il y a du chemin à parcourir pour faire passer l'idée aux nomades des déserts et aux montagnards des Andes, dont le mode de vie dépend des camélidés.

Et il passera beaucoup d'eau sous les ponts avant qu'on puisse désarmer le dernier râteleur japonais de bas-fonds océaniques à la recherche indiscriminée de tout être vivant au goût marin. Mais on pourra certainement bannir les animaux de batterie à viande et les animaux de compagnie urbaine, si ce n'est ceux de basse-cour à ciel ouvert. Le prétexte en sera éthique, et le résultat économique, en termes alimentaires, sera appréciable. Le transhumanisme veillera cependant à préserver ses cobayes chimériques, et autres animaux producteurs d'organes simili-humains.

Puisque le facteur de vulnérabilité principal d'une population aux épidémies est sa concentration, on aurait pu penser que le grand projet politique du demi-siècle, facilité d'ailleurs par les moyens de télécommunication modernes et l'expérimentation généralisée du télétravail cette année, eût pu être le desserrement des grandes villes, vulnérables qui plus est aux engorgements logistiques. Mais il semble que cela contrarierait un autre objectif politique, par exemple celui de renforcer le contrôle de la population, facilité par sa concentration et sa localisation.

Et puisque le facteur d'exposition principal d'une population aux épidémies est la circulation incontrôlée des vecteurs, on aurait pu penser qu'un autre projet politique, également justifié d'ailleurs par la nécessité de raccourcir les circuits économiques et logistiques, eût pu être le rétablissement des frontières interétatiques et encore plus intercontinentales. Mais il semblerait que cela contrarierait un autre objectif politique, par exemple celui de standardiser les populations et les modes et niveaux de vie, effacer les cultures et éradiquer les peuples pour déraciner les gens afin de faciliter l'exercice mondial d'une gouvernance centralisée.

De même, puisque le facteur de vulnérabilité principal d'une population aux famines est la spécialisation agricole, accompagnée de la dépopulation rurale, on aurait pu penser qu'un autre projet politique eût été la restauration de l'autonomie dite souveraineté alimentaire, qui passe par la diversification agricole et la réhabilitation économique et sociale des agriculteurs. Mais il semblerait que cela contrarierait un autre objectif politique, par exemple celui d'assujettir les populations à la dépendance de la distribution alimentaire, ou de dématérialiser l'alimentation, ou peut-être même de faciliter une dépopulation.

Enfin, puisque le facteur de réactivité et pertinence principal d'une instance de direction de la société est sa proximité avec la population, couplée au caractère réduit et homogène de celle-ci, on aurait pu penser qu'un autre projet politique eût été de rapprocher les centres de décision et de direction des peuples, selon le principe de subsidiarité. Mais il semblerait que cela contrarierait un autre objectif politique, par exemple celui d'assurer la conformité internationale de l'échelon exécutif par sa non-appartenance au peuple dirigé.

Ainsi, la survenue du coronavirus a fait avancer certains transformations de la société, mais pas nécessairement celles qu'on pouvait rationnellement espérer en vue d'un progrès vers une meilleure organisation de l'humanité. Concrètement et à court terme, il ne faut pas attendre le moindre changement vis-à-vis de la mondialisation, y compris économique, y compris la délocalisation, y compris de secteurs stratégiques.

Pendant chaque guerre les gouvernements jurent qu'on ne les prendra plus à désarmer, et dès l'après-guerre ils recommencent à le faire, du moins sous les régimes démagocratiques dont l'inconséquence est garantie par la rotation accélérée. Et en France, il serait illusoire d'espérer que l'exécutif institutionnellement amateur (au sens péjoratif), qui se veut pourtant technocratique, applique les procédures patiemment et rationnellement élaborées pour protéger la population, comme le plan national de prévention et de lutte contre la pandémie révisé en 2008 (et proclamé mais violé en 2009), dont l'application aurait pu empêcher l'arrivée du virus.

Collectivisme improductif

À des degrés divers les États nationaux centralisés passent au collectivisme. Ceux qui n'y étaient pas encore par le biais du niveau de taxation de l'activité économique du pays y arrivent par le rachat du tissu économique, ou par la prise en charge des salaires. Aux États-Unis par exemple, plusieurs gouvernements d'États s'intéressent à l'idée espagnole de salaire minimum universel, un concept que le monde "libéral" aurait rejeté avec horreur il y a encore vingt ans.

En France il y avait, à la veille de la libération conditionnelle du 11 mai, treize millions de personnes au chômage technique, soit plus de la moitié de la population salariée, et les deux-tiers de la population salariée du secteur privé. En d'autres termes, à cette date la population salariée était constituée pour un quart de fonctionnaires ou assimilés (six millions), pour un quart de salariés du secteur privé en activité (six millions), et pour moitié de salariés du privé au chômage technique indemnisé (treize millions).

Sur une population adulte officielle de quarante-sept millions de personnes, au 10 mai trente-neuf millions c'est-à-dire 83% dépendaient d'une manière ou d'une autre d'un revenu versé par la collectivité, qu'il s'agisse d'un salaire de chômage technique, d'un salaire de fonctionnaire, d'une pension de retraite par répartition, d'une allocation de chômage, d'une indemnité de "traitement social" (maquillage étatique) du chômage, d'une prime mensuelle pour intrusion délictuelle dans le pays… quant à la population illégale, dite clandestine bien que connue par le gouvernement qui en occulte le volume, elle est justement totalement prise en charge par ce dernier. À la même date vingt-trois millions de Britanniques, soit la moitié de la population adulte, étaient à la charge de l'État, en comptant là aussi les fonctionnaires (et retraités) et les chômeurs.

On pourrait aussi bien calculer d'autres rapports, en reconsidérant la notion officielle de "population active" comprenant des actifs au travail et des actifs sans emploi, pour la remplacer par une notion de population au travail et de population à l'arrêt, voire par une notion de population productive, de population distributive et de population réceptrice. En tout cas côté gouvernemental il existe une distinction claire, celle entre activités essentielles qui ont été maintenues, en l'occurrence l'administration publique et un tiers de l'activité privée, et activités non essentielles qui ont été arrêtées, en l'occurrence les deux-tiers de l'activité privée.

Et au moment d'imaginer une nouvelle normalité future, à savoir une hypothétique réouverture d'activités non essentielles, il convient de s'interroger sur le caractère superflu d'activités considérées encore récemment comme irremplaçables. Dans les sociétés avancées, et d'ailleurs pas seulement là, la production physique, de produits comme de services, a été de plus en plus complétée voire partiellement remplacée, ces dernières décennies, par une production que l'on pourrait qualifier de dématérialisée. C'est le cas des activités intellectuelles, dont la matière première est la connaissance, quelque chose qui peut se partager sans se diviser contrairement aux activités manuelles même de services.

Pour soigner des dents il faut une intervention personnelle du dentiste auprès de chaque patient, donc plus il y a de patients à traiter plus le dentiste doit y passer de temps de travail. Mais pour enseigner ce n'est pas nécessairement le cas, le professeur peut passer le même temps à enseigner à un élève qu'à une classe de dix ou de trente. De même, l'édition d'un livre sur papier consomme une quantité de matière première et de transport proportionnelle au nombre d'exemplaires tirés et distribués, alors que le coût de l'édition d'un document électronique est indépendant du nombre d'exemplaires distribués. Et le coût de la copie d'un programme de traitement de l'information n'est pas comparable au coût de la duplication d'un robot d'assemblage industriel.

L'expérience soudaine, à l'échelle mondiale, de la fermeture de lieux de travail au profit du télétravail, a fourni un exemple numériquement significatif et très visible, celui de la fermeture des salles de classe et du développement du télé-enseignement. En quelques semaines, des dizaines de métiers et des centaines de millions d'employés se sont révélés, sinon "non essentiels", du moins pas irremplaçables. Le plein emploi, qui n'existait déjà plus que dans les pays en forte expansion démographique ou économique, ne reviendra pas.

C'est du moins ce que dicte la logique économique, qui régit le monde germanique depuis la réforme judéo-protestante selon laquelle toute réussite (fût-elle cynique) est le signe de l'approbation divine, et le monde entier depuis la diffusion de la révolution dite française fomentée par les loges maçonniques athéistes anglaises du "tout permis à tous".

La logique sociale, elle, pas encore totalement éradiquée de la conscience humaine malgré plus de deux siècles de matérialisme intégral, prône un devoir de solidarité par une justice d'origine supérieure, en opposition aux droits nés de l'égalité des individus. La notion de droit universel impératif, ou *jus cogens* impliquant une source de droit (plus exactement d'obligations) absolu supérieure aux relations contractuelles interhumaines, est la raison pour laquelle le régime révolutionnaire français s'oppose, seul contre tous, à la convention de 1969 sur le droit des traités.

Néanmoins la société post-chrétienne, en dépit de son caractère de fraternité orpheline, reste marquée par ce sens d'un devoir d'origine perdue ou oubliée. Tel est le fondement des idéaux de solidarité (charité disait-on autrefois), en contradiction flagrante du principe d'égalité, mais portés par les mouvements dits sociaux-démocrates ou démocratico-chrétiens nés après un siècle d'égalitarisme matérialiste révolutionnaire, et incarnés, en France, dans les syndicats ouvriers finalement autorisés un siècle après l'abolition de la liberté d'association.

La logique sociale, pour ne pas dire socialiste, est "réactionnaire" puisqu'elle implique l'existence d'une société, donc d'au moins un corps naturel intermédiaire entre les citoyens et l'État jacobin. Et évidemment elle s'oppose au principe matérialiste d'efficacité, puisqu'elle prône de donner priorité de recrutement à ceux qui sont dans le besoin plutôt qu'à ceux qui sont compétents, un principe permanent, par exemple, des armées françaises (en ce qui concerne la troupe) avant même leur fonctionnarisation. Mais c'est cette priorité qui a conduit à une inflation permanente et irréversible des effectifs salariés sous un statut ou un autre par les pouvoirs publics, sous toutes les latitudes et sans accroissement notable de l'efficacité des services publics, quand ce n'est pas au prix d'une réduction de leur productivité directement (et inversement) corrélée à l'augmentation de leur taille.

Pourtant c'est sauf erreur des États-Unis qu'est venue l'expression traduite d'État-providence, à l'occasion d'un programme national de redressement économique par de grands travaux, après la deuxième guerre mondiale. De nos jours encore la population y bénéficie d'un impôt négatif, puisqu'au niveau national les contribuables (personnes physiques) reçoivent plus de prestations qu'ils ne paient d'impôts. Combinant déficit commercial et déficit budgétaire, ce pays consomme plus qu'il ne produit (il est donc subventionné par les autres), et l'État distribue plus qu'il ne perçoit. L'exigence en matière de niveau de vie est cependant élevée, puisque la moitié de la population qui bénéficie d'un revenu annuel inférieur à 40 000 dollars est considérée comme pauvre.

Par exemple, le 14 mai la Réserve Fédérale (banque centrale) étatsunienne a publié un rapport sur les effets sociaux de la dévastation économique, s'inquiétant du fait que 40% des travailleurs pauvres (*working poor*) disposant d'un revenu annuel inférieur à 40 000 dollars avaient perdu leur emploi en mars et que la moitié de ces nouveaux chômeurs, dont 70% disaient avoir subi une perte de revenu, se déclaraient incapables de faire face à une dépense imprévue de 400 dollars. Quand on dit que ce pays et sa population vivent largement au-dessus de leurs moyens, c'est une réalité qui se traduit par tous les taux d'endettement, des particuliers au gouvernement en passant par les entreprises.

Accessoirement, on note que 30% des nouveaux chômeurs de mars disaient n'avoir pas subi de perte de revenu. En effet, même sans compter l'aide ponctuelle de 1200 dollars à toute personne ayant gagné moins de 75 000 dollars en 2019, l'indemnité hebdomadaire fédérale de 600 dollars servie indistinctement à tous les nouveaux chômeurs (en sus des indemnités provinciales) correspond au double du salaire minimum légal, à savoir 7,5 dollars de l'heure pour 40 heures hebdomadaires. Ainsi tous les employés qui touchaient moins du double du salaire minimum légal reçoivent une indemnisation supérieure à leur ancien salaire, et c'est peut-être le cas des 30% de nouveaux chômeurs sondés par la Réserve Fédérale qui ont déclaré ne pas avoir subi de perte de revenu.

En fait, selon une enquête de l'université de Chicago publiée fin mai, 68% des chômeurs ont un revenu supérieur à celui qu'ils avaient dans leur emploi, et la valeur médiane de ce revenu de remplacement est de 34% supérieure au revenu antérieur. D'après CNBC, dans le secteur le moins rémunérateur (l'hôtellerie et la restauration), qui employait quatorze millions de salariés, le revenu de remplacement atteint en moyenne 182% de l'ancien salaire moyen hebdomadaire (538 dollars).

Voilà un véritable problème. Dans un pays où l'unité de travail salarié n'est pas le mois mais la semaine, il n'a pas fallu longtemps pour que de petits employeurs locaux ne trouvent plus d'employés, voire que leurs anciens salariés demandent à être licenciés. Ce généreux dispositif d'indemnisation est national (en addition aux systèmes de prévoyance provinciaux), et la prévalence de l'épidémie est très inégale d'une région à l'autre, certains États ou certaines villes ayant décrété l'arrêt de toutes les activités et d'autres vivant encore en régime normal. Mais là où il est en principe encore possible de travailler, le dispositif d'indemnisation incite au chômage.

Hors considérations de maintien de son employabilité, question que le salarié de base au salaire minimum ne se pose pas, il est évident d'une part qu'il est plus confortable d'être payé sans travailler que payé à travailler, et d'autre part qu'il est beaucoup plus sûr de ne pas sortir de chez soi par les temps qui courent et les virus qui rôdent. L'indemnisation intégrale a le même effet que le revenu minimum universel, celui de dissuader le travail, comme l'ont montré toutes les expériences de collectivisme égalitaire. Quant à l'incitation individuelle au travail par la reconnaissance et la rétribution du mérite personnel, il faut qu'elle soit particulièrement élevée pour introduire une différence suffisamment motivante entre le revenu de l'oisiveté et le revenu du travail. Si le communisme fonctionnait, il existerait encore.

Il y a un bon tiers de siècle, le sociologue François de Closets a brillamment montré dans *Toujours Plus !* comment les castes, très majoritaires, du salariat syndiqué des grandes organisations publiques et privées, consolidaient et étendaient l'énorme montagne de ce qu'on appelle en France les "droits acquis" catégoriels. Dans les cercles économistes libre-échangistes il est de bon ton de déplorer la rigidité du marché de travail et du lien contractuel, la lourdeur des charges sociales, et finalement le manque de compétitivité du salariat français par rapport au reste de l'Europe, européen par rapport au reste du monde développé, et du monde développé (le développement humain a un coût) par rapport au reste du monde.

Néanmoins, ces coûts et cette lourdeur structurels sont plus ou moins communs à tout le monde institutionnellement avancé. La taille d'entreprises toujours plus grosses a amené à standardiser l'apport de travail et la compensation en rémunération, par unité de temps dans la plupart des cas, et a aussi constitué de grandes populations salariées plus ou moins homogènes, à la fois promptes à s'organiser pour réclamer "toujours plus", et faciles à gérer collectivement comme des "ressources humaines", dans une conception républicaine excluant tout paternalisme inégalitaire ou relation maître-compagnon personnelle. Au fur et à mesure de leur croissance les organisations n'ont fait qu'ajouter des couches de coûts structurels, et au fur et à mesure de la croissance de la place de ces organisations dans la société elles ont généré un coût social indéniable.

Dans les pays peu développés où il n'y a que quelques entreprises d'une certaine taille, noyées dans une société réelle grouillante d'indépendants, de familles, de fermes, d'artisans tous plus libres les uns que les autres, le travail salarié n'a pas modelé les relations sociales et professionnelles, le mode d'accès au revenu, et le paysage institutionnel. Dans les pays institutionnellement avancés, le lien de subordination, la grande organisation sujet et objet de droit, l'encadrement légal, contractuel et fiscal du travail et du revenu, le caractère garanti et régulier du revenu, en un mot le salariat est devenu la norme.

Le non salarié, qui était il y a un siècle le cas général, est devenu l'exception, l'anormal. En France il est même, en dépit de la présomption d'innocence, systématiquement présumé de fraude fiscale, et pour le calcul de l'impôt sur le revenu des personnes physiques, le non salarié est exclu de l'abattement de revenus accordé aux salariés au motif que ces derniers ne peuvent pas tricher. Finalement le poids du système salarial, fait d'assurances et de garanties en tout genre, a déversé sur la très petite minorité de non-salariés le risque économique, l'impérieuse nécessité de produire (et de produire chaque jour un bien ou un service échangeable), l'insécurité professionnelle, l'incertitude du lendemain et la crainte de l'après-travail et de la vieillesse. Il s'est opéré un véritable découplage social, entre 90% de nantis assurés et 10% d'aventuriers incertains du lendemain. On y reviendra.

Le fin du fin du salariat c'est évidemment le fonctionnariat, le salariat de la fonction publique recrutée à vie sans obligation de résultat. Bien que sa productivité se mesure plus à son efficacité à la dépense qu'à son efficacité au gain, cette catégorie a, de la Chine au Brésil en passant par l'Iran et l'Italie, le moins souffert de l'arrêt des activités du pays. Même les services publics qui travaillent ne pratiquent pas le chômage technique.

Ici on peut se permettre d'évoquer une scène, malheureusement trop commune, et dont il faut espérer qu'elle appartienne maintenant à un passé révolu. Ce dernier vendredi de février 2020, alors que tout le monde occidental feignait de croire qu'il échapperait miraculeusement à la situation qui s'était abattue sur l'Italie une semaine plus tôt, un homme qualifié mais sans emploi, dans les derniers préparatifs de son imminent retranchement, dut passer quatre ou cinq fois dans la matinée par la même rue de la ville voisine. Cette jeune ville d'une centaine de milliers d'habitants était connue pour être bien gérée, soignant son urbanisme et sa communication touristique, attirant chaque année 5% de nouveaux résidents permanents encore actifs et étendant ses réseaux de distribution de gaz et de récollection d'eaux usées vers de nouveaux quartiers.

Dans cette rue un tracé léger au sol, et quelques cônes de plastique rouge posés la veille pour interdire le stationnement, annonçaient la repeinte d'un passage piéton zébré, et en début de matinée un ouvrier municipal peignait la première bande, sous le regard de quatre autres dont vraisemblablement le chef d'équipe. Un peu plus tard dans la matinée les cinq hommes faisaient une pause cigarette, et lors d'un troisième passage une pause bavardage, assis à l'ombre. En fin de matinée les contours d'une deuxième bande de deux mètres sur un demi-mètre avaient été tracés, et en début d'après-midi cette deuxième bande était peinte, sur huit ou neuf à peindre, et l'équipe de voirie avait disparu ayant terminé sa journée de travail (continue jusqu'à 15h00).

Un calcul rapide permettait de deviner qu'à ce rythme il faudrait de l'ordre d'une semaine de présence d'une équipe de cinq ouvriers municipaux, soit vingt-cinq jours-hommes, pour réaliser un travail qu'un particulier aurait fait en une journée dans sa cour. Pendant ce temps, là comme ailleurs, des indépendants et petits commerçants travaillent sans limitation d'horaires pour nourrir leur famille, et payer des impôts municipaux. Combien de vrais travailleurs contribuables une telle ville doit-elle abriter pour repeindre ses passages piétons tous les cinq ou dix ans ?

En pensant à de tels abus de situation, ce passant, qui observait en centre-ville l'insouciante agitation insignifiante des smartphonomanes déconnectés des réalités en train de fondre sur eux, ne pouvait s'empêcher de penser que cette société n'était pas tenable, ou durable comme on dit maintenant. Cela n'empêche toutefois pas la tentation, dans tous les pays où la fortune des gouvernants dépend encore du bien-être des populations, d'une étatisation de la société selon le modèle de l'État-providence évoqué plus haut.

La cinquième république française, champion mondial toutes catégories de l'État tentaculaire à visées totalitaires qui se mêle de tout sauf des fonctions régaliennes, captait et utilisait déjà, avant-peste, plus de la moitié du produit intérieur brut, entre 54 et 57% bon an mal an. On entend certes par là l'ensemble des administrations, services publics et assimilés (sécurité sociale notamment), tous statuts juridiques confondus. Mais en mars et avril la masse "salariale" de l'État a été triplée, puisqu'aux six millions de fonctionnaires se sont ajoutés treize millions de chômeurs techniques indemnisés. Dans le même temps la masse salariale du secteur privé en activité (et vraisemblablement l'activité elle-même) a été divisée par trois, passant de dix-neuf à six millions d'employés.

Le poids du système étatique par rapport à l'ensemble de l'économie salariée a dépassé 76%, sans compter les catégories traditionnelles d'inactifs (indemnisés ou pensionnés) mentionnées plus haut. De son côté, le produit intérieur brut a accusé une chute dont on ne connaîtra l'ampleur qu'à la clôture de l'exercice 2020, mais qui est manifestement bien plus importante que ce qu'annonçaient les économistes des banques et des ministères. De plus, dans un premier temps du moins, la mise au télétravail d'employés non habitués à travailler à la maison, quand elle ne relevait pas franchement du maintien fictif d'emploi agrémenté d'une télématisation de la réunionite, s'est traduite par une baisse significative de leur productivité.

Cependant, pour qu'une société puisse mettre en œuvre un système de planification centralisée (ou économie dirigée), quelque résultat qu'on puisse en espérer à long terme, il faut à tout le moins qu'elle se dote d'un gouvernement capable de planifier, donc de prévoir. Le régime soviétique, par exemple, qui adhérait de plus au dogme marxiste matérialiste et très concret selon lequel la vie des sociétés humaines est essentiellement régie par l'économie, s'était doté de grosses capacités de comptabilité et statistique, d'économétrie, de planification et de contrôle.

À l'opposé le régime jacobin français consacre proportionnellement beaucoup plus d'énergie à construire (et légiférer sur) l'idéologie officielle, par exemple le remplacement du sexe génétiquement déterminé par les chromosomes à la conception par le "genre" psychologiquement choisi à l'âge de raison, et à façonner les mœurs des citoyens, par exemple en interdisant l'expression de "la haine" sur tous les supports autres que le manifeste de la religion qu'il entend promouvoir.

Mais n'étant pas intéressé aux fonctions régaliennes il consacre extrêmement peu de moyens à la veille stratégique, comme on l'a montré dans le Septième Scénario au sujet des Livres Blancs sur la Défense, ne cherche pas à percevoir les signaux faibles au-delà de la prochaine échéance électorale, et se soucie même peu de la cohérence de son discours en l'absence d'alternative de légitimité. Constitutionnellement assuré de l'irresponsabilité et de l'impunité, le régime de l'intérim systématisé gouverne dans l'instant, toujours à courte vue et sans nécessité de prévoir.

Ainsi le 18 mars, lendemain de l'arrêt forcé de la société française, le gouvernement a annoncé, par la voix du ministre du travail, que deux millions de personnes seraient touchées par le chômage technique dû au coronavirus. Comme on le sait, à peine un mois et demi plus tard cette prévision officielle avait été dépassée de 550%, un niveau d'erreur totalement incompatible avec la moindre prétention de sérieux. Sous un véritable régime de planification centralisée, un tel niveau d'erreur (et il y en a bien d'autres exemples) aurait envoyé son auteur en camp de rééducation sociale. N'est pas communiste qui veut, le totalitarisme éclairé ne peut pas s'improviser.

Une plaisanterie fameuse dit que le socialisme s'arrête où s'arrête l'argent des autres. En vérité il ne faut pas confondre argent et richesse. La création de richesse est le produit du travail. La distribution de billets de banque (ou de zéros sur des comptes bancaires électroniques), qu'ils proviennent de l'impression monétaire par la banque centrale, de l'endettement auprès d'une banque centrale externalisée, ou de l'endettement auprès de l'étranger, n'est pas une production de richesse.

Toutes les expériences de collectivisme, jusqu'à ce jour, se sont terminées par une baisse de production. La situation actuelle est certainement pire, puisque c'est l'arrêt préalable de l'économie qui a conduit à sa collectivisation accrue. Dans tous les domaines ou presque la production (et la transformation) est en chute libre. Si l'on considère que l'activité privée salariée génératrice de produit intérieur brut (les services publics sont plus redistributifs que productifs) a été comme le nombre de salariés divisée par trois et, par assimilation optimiste, que l'activité privée non salariée elle aussi génératrice de PIB n'a été que divisée par trois, on peut estimer qu'en deux mois sur onze d'un tel régime le PIB annuel a pu être amputé de 12% par rapport à 2019. Et si rien ne change avant la fin de l'année, après neuf mois sur onze d'un tel régime le PIB annuel pourrait être amputé de 55%.

Cette estimation grossière était très optimiste, puisque d'après l'INSEE le PIB a diminué de 5,8% sur l'ensemble du premier trimestre, qui comptait onze semaines de normalité et deux semaines de confinement, ce qui signifie qu'il a diminué de 37,7% pendant le confinement. Et puisque la dépense étatique (financée par la taxation et l'emprunt) est comptée à hauteur de 56% dans ce PIB, cela signifie que le PIB du secteur privé a diminué de 86%, ou en d'autres termes que l'activité économique réelle a presque été divisée par dix.

Quelle que soit la réduction exacte, un PIB inférieur à celui de l'année dernière implique, arithmétiquement, d'une part que l'endettement par rapport au PIB réel est supérieur au ratio officiel basé sur le PIB de 2019, et d'autre part que le poids de l'État sur la société, ou le taux de prélèvements obligatoires, est supérieur aux 55 ou 56%

d'avant-peste. Certes, en France, la société a comme ses vieux été rivotriée, ou mise sous sédation profonde et continue maintenue avec privation d'alimentation jusqu'au décès.

Mais pour mémoire, en début d'année en Chine les données observables depuis l'espace laissaient entendre que la consommation d'énergie, détectable à la pollution atmosphérique, avait été divisée par dix, avec l'arrêt total de la pollution industrielle et de celle due aux transports et seulement le maintien de celle due au chauffage, augmentée de la crémation humaine intensive caractérisée par le dégagement de dioxyde de soufre. En Italie aussi les premiers éléments après l'instauration du confinement généralisé à domicile faisaient état d'une réduction de 90% de l'activité économique, seules étant épargnées les activités indispensables comme la potabilisation de l'eau, la production d'électricité et la distribution alimentaire.

On n'en sait pas plus, puisque lorsqu'en peu de temps la moitié de la population mondiale a été confinée la presse subventionnée a cessé de s'intéresser aux questions économiques, hormis ce qui touche aux performances extraordinaires de la bourse et aux programmes d'impression monétaire gouvernementaux, comme si l'augmentation des liquidités pouvait compenser la réduction de l'activité. La vérité, c'est qu'avant même la collectivisation à grande échelle les activités productives s'étaient effondrées.

Les activistes idéalistes de l'écologie prônent de ne prélever qu'une fraction des ressources renouvelables de la planète, sans considération du fait que l'humanité, avec ses espèces inféodées, représente déjà 96% de la biomasse mammifère mondiale. Une décroissance économique contrôlée aurait nécessité de réussir à imposer la nécessaire réduction du niveau de vie à l'essentiel de la population mondiale. Cela était certes moralement et politiquement difficile dans un contexte de croissance criante des inégalités entre la masse et une élite toujours plus réduite et toujours plus riche, comme en témoigne l'élévation du coefficient de Gini au niveau mondial, et dans pratiquement tous les pays depuis la fin du siècle dernier. Au lieu de cette décroissance contrôlée, on a donc assisté à un effondrement à la soviétique, dont la pandémie n'a été que le déclencheur voire le prétexte.

À moins d'un renversement très rapide de tendance, dont la probabilité se réduit de semaine en semaine (pour des raisons grossièrement politiques mais aussi trivialement épidémiologiques), l'effondrement économique mondial du premier semestre 2020 est appelé à durer. La destruction systématique de l'infrastructure humaine et sociale de la société, en particulier du tissu entrepreneurial, entrepreneur et entreprenant que l'on étudie dans un autre chapitre, pose les bases d'une nouvelle société qui sera structurellement moins productive.

Dans un premier temps l'État providence, anomalie sociale à l'échelle du parcours de l'humanité et exception historique de la deuxième moitié du XX° siècle et du premier quart du XXI°, va tenter par le collectivisme forcené de compenser la faillite généralisée. Dans le contexte de pénurie qu'on commence à ne plus pouvoir cacher dans certains pays occidentaux, et qui s'imposera à tous au deuxième semestre, la notion pratique d'activités non essentielles va évoluer, comme on peut déjà le constater dans les rues commerciales et dans les rayons des hypermarchés. Dmitry Orlov rappelait récemment que sous le communisme la distinction entre essentiel (qui est garanti) et non essentiel (qui peut se mériter) est primordiale, et on peut ajouter que cette distinction est nécessaire puisque le communisme conduit à la pénurie, donc il vaut mieux que celle-ci ne porte que sur le non essentiel.

Les consommateurs ont déjà été habitués à faire leurs emplettes au pas de course pour qu'un autre chariot soit admis quand il en sort un, ils se sont accoutumés à être canalisés vers les rayons alimentaires et à ne pas traîner vers les étals de superflu électronique ou ludique sous la menace du virus à l'affût des clients distraits ou égarés, et ils se sont faits à l'idée d'acheter ce qu'il y a, marque préférée ou pas. Finalement ils n'ont pas eu l'opportunité, avant l'assignation à domicile, de voir disparaître des rayons les produits importés de Chine ou fabriqués à partir de composants chinois, comme on l'annonçait le 9 février[46].

Mais entretemps d'autres chaînes logistiques ont été brisées, d'autres pays ont cessé d'exporter et encore plus de producteurs nationaux ont dû fermer leurs portes. La pénurie n'est pas encore arrivée dans tous les rayons, les ventes de tout le non essentiel ayant été subitement suspendues, mais elle est assurément déjà dans les entrepôts. Dans certains pays occidentaux développés, la distribution a mis en place ce que le gouvernement n'a pas encore dicté, à savoir le rationnement. Et pénurie impliquant, par le jeu de l'offre et de la demande, hausse des prix (sauf en cas de contrôle autoritaire de ces derniers), l'État-providence accélèrera ce qu'il a commencé, la distribution d'aides sonnantes et trébuchantes.

Au Zimbabwe puis plus récemment au Vénézuéla,

---

[46] http://stratediplo.blogspot.com/2020/02/consequences-economiques-du-virus-de.html

la combinaison de la pénurie et de l'impression monétaire irréfreinée a débouché sur l'hyperinflation.

Effondrement de l’économie réelle

Le carnage est énorme. En France les deux premières semaines d’arrêt de l’économie réelle ont fait fermer 400 000 petites entreprises.

On appelle abusivement "entreprises" des grandes sociétés anonymes à but lucratif qui n’ont généralement plus pris la moindre initiative risquée depuis le remplacement des héritiers du fondateur par des gestionnaires professionnels salariés, ou depuis le remplacement de l’*intuitu personæ* des apporteurs associés par les jetons de présence d’administrateurs représentants des myriades d’anonymes porteurs de petites parts ou quelques grands fonds d’investissement actionnaires. Tel est le résultat de la révolution dite française qui a remplacé les sociétés de personnes par des sociétés de capitaux (ceci n’est pas une qualification subjective mais une distinction juridique).

Comme toutes les organisations, qu’elles soient de statut public, privé ou coopératif, à partir d’une certaine taille l’essentiel de leur activité vise simplement l’auto-conservation. Toutes les fonctions, qu’il s’agisse de la stratégie, de la finance, de l’administration, de la gestion du personnel, de la production, du commercial et mercatique, et même de la recherche et développement, consacrent l’essentiel de leur activité à la continuation de l’existence de l’organisation. C’est bien sûr l’illustration d’une fameuse loi de la sociologie, selon laquelle toute organisation, à partir d’une certaine taille, finit par perdre de vue sa raison d'être (la finalité qui a conduit à sa fondation) et se consacrer entièrement à sa seule perpétuation.

Mais c'est aussi le résultat de l'agglomération de salariés statutaires, dont la motivation initiale pour intégrer ce type d'organisation a généralement été la recherche de sécurité, et dont la participation, par le biais d'un apport contractuel de travail ou de présence strictement contingenté et perçu de part et d'autre comme la contrepartie d'un salaire garanti, se traduit très largement plus comme un apport de moyens (le langage capitaliste a inventé l'expression de "ressources humaines") que comme l'atteinte d'un résultat. On peut ajouter que le principe de Peters, selon lequel tout salarié a tendance à s'élever dans la hiérarchie jusqu'à atteindre son niveau d'incompétence, n'est pas une simple boutade de consultant.

Individuellement, notamment en présence d'une possibilité de choix en début de carrière (ce mot dont le concept de déroulement continu s'exprime dans le *curriculum vitæ* ou parcours de vie), certains salariés ont pu s'engager dans telle filière ou telle organisation pour des motifs intellectuels, affectifs, idéologiques ou autres, mais rapidement l'inertie (force de la masse) leur impose de contribuer à la perpétuation (végétation) de l'institution, comme but en soi ou tout simplement comme moyen de continuation du contrat de travail qui lie le salarié à l'organisation employeur.

Seule une très petite quantité d'énergie, au niveau de la direction générale ou du conseil d'administration selon les cas, est dédiée à la poursuite de l'objectif initial implicitement sous-jacent à l'objet social, faire du profit.

Ce que l'on appelle abusivement "grandes entreprises" font donc tout sauf entreprendre. Ces grandes organisations constituées de salariés, et dont seule une poignée de dirigeants sont obsédés par le résultat net après produits financiers et exceptionnels et après impôts, sont aussi puissantes que visibles mais sont loin de représenter l'employeur typique dans les pays occidentaux développés.

Les véritables créateurs et pourvoyeurs d'emplois sont aujourd'hui, même les statistiques le reconnaissent, les petites et moyennes entreprises. Et les créateurs et pourvoyeurs d'employeurs, c'est-à-dire de petites et moyennes entreprises, sont de toute évidence les entrepreneurs, ou selon le néologisme pléonasmatique français des "auto-entrepreneurs" comme s'il pouvait exister des hétéro-entrepreneurs alors que l'initiative et la prise de risque relèvent typiquement d'un comportement individuel.

Dans les pays à haut développement institutionnel, le salariat peut occuper jusqu'à 90% de la population au travail, comme en France par exemple. Cela signifie que neuf personnes sur dix qui travaillent sont statutairement en situation de dépendance, pour un salaire régulier garanti en vertu d'un contrat avec un "employeur" qui est en fait dans beaucoup de cas une organisation bureaucratique impersonnelle, qu'elle relève sur le plan juridique du secteur privé ou public. Selon la grande division des deux fonctions de base que les sociétés partagent avec les êtres vivants, cette grande majorité réticente au risque participe à la fonction de conservation, pas à celle de reproduction. Au risque de heurter la sensibilité de beaucoup, et sans remettre en question leur rôle productif, transformatif ou redistributif, il faut bien considérer que d'un point de vue socio-économique neuf actifs sur dix sont passifs, ou actifs dans leur emploi mais passifs face au travail.

Sur ces vingt-cinq millions de salariés, treize

millions soit plus de la moitié se sont trouvés au chômage technique (formellement toujours sous contrat de travail) en seulement un mois et demi de gel des activités décrétées non essentielles par le gouvernement français. On peut même deviner sans grand risque de se tromper que les presque six millions de fonctionnaires et assimilés sont toujours soldés et que les treize millions d'indemnisés à domicile (à charge de l'employeur sans recettes puisque le remboursement étatique est bien sûr en retard) sont plus des deux-tiers des dix-neuf millions de salariés du secteur privé.

Aux États-Unis, qui n'ont pas encore arrêté l'ensemble des activités non essentielles dans tout le pays, quarante millions d'employés sont de même entrés en chômage en deux mois, voire de l'ordre de cinquante-cinq millions en comptant ceux qui n'ont pas réussi à valider leur formulaire sur internet, et là sans maintien formel du contrat de travail. À la mi-avril les économistes y attendaient, en moyenne, un retour au niveau d'emploi de février 2020 dans vingt-sept mois, certains voyant ça plutôt dans cinq ans, seulement sur la base des pertes d'emploi de mars.

Mais après la première vague immédiate de renvois (sous diverses formes statutaires) pour fermeture des lieux de travail et interruption des transports, viendra la deuxième vague de licenciements pour défaut d'activité et de recettes, et celle-là ne sera pas réversible par décret, tout au plus repoussable par subventions palliatives intensives comme l'envisagent certains pays. Cette deuxième vague qui s'annonce concerne les télétravailleurs de tous secteurs pas concernés initialement par le confinement général, ou qui s'y sont rapidement adaptés, donc essentiellement des professions intellectuelles ou relationnelles dont l'activité ou le produit peut passer par des voies de télécommunication, qui se croient à ce jour à l'abri.

Enfin viendra une troisième vague de pertes d'emploi, quand les employeurs (entreprises privées essentiellement) en faillite cesseront d'exister, et qu'avec leur personnalité juridique disparaîtra même le lien contractuel et administratif que pourraient emprunter des allocations étatiques palliatives. En Italie, dont l'activité économique a simplement été divisée par dix dès la fin février, il serait plus rapide de décompter combien il reste d'employés.

Les gouvernements déploient des dispositifs d'aide (essentiellement monétaire) aux nouveaux chômeurs. Le gouvernement français a poussé les entreprises à utiliser massivement le dispositif de l'activité partielle, c'est-à-dire de mettre les salariés au chômage technique avec suspension mais maintien du contrat de travail. Selon son habitude d'agir par tâtonnements et ajustements plutôt que par méthode, concertation et cohérence, le 9 mars le gouvernement a ainsi d'abord suspendu l'obligation de licenciement économique au bout de six mois d'activité partielle, puis le 25 mars il a porté de six à douze mois la durée qui peut être autorisée par le préfet, le 31 mars il a étendu de 1000 à 1607 heures, pour 2020, le contingent annuel d'heures indemnisables par salarié, et enfin le 1er mai il en a fait bénéficier les deux millions de salariés jusque-là en congé pour garde d'enfants.

Le gouvernement étatsunien a envoyé un chèque de 1200 dollars à chaque chômeur plus 600 dollars par semaine (le double du salaire minimum) en plus de l'assurance chômage, une bagatelle certes en comparaison de l'astronomique impression monétaire qu'il vient de lancer pour la nationalisation de la bourse, et du quadruplement (par rapport au PIB de 2019) de son déficit budgétaire pour le soutien du grand capitalisme. Et le gouvernement espagnol annonce la mise en place d'un salaire minimum universel, une mesure que d'autres gouvernements soudain convertis au collectivisme imiteront.

Car la situation ne peut que durer et empirer. Les subventions pharaoniques distribuées aux très grandes entreprises leur servent, suivant les cas, les pays et le peu de conditions que les gouvernements imposent faute de pouvoir les contrôler, soit à racheter les actions de l'entreprise en bourse (voire verser des dividendes sur leur revalorisation) afin d'en maintenir le cours et donc l'illusion de valeur, soit effectivement à servir des salaires ou des indemnités aux employés maintenus sur les registres en dépit de l'absence de travail. Tant que les subventions dureront ces organisations n'auront aucun intérêt à risquer leurs ressources humaines sur l'arène de l'économie non virtuelle où sévit le virus, et lorsque les subventions s'arrêteront elles n'auront pas d'alternative que de prendre acte de leur fin d'activité.

Comme on l'annonçait le 9 février le commerce international s'est effondré. La Chine, qui produisait un bon tiers des biens manufacturés de toutes sortes, n'a pratiquement rien exporté en février et mars, et la grande marche forcée imposée dans un deuxième temps à sa population tant pour la satisfaction des besoins internes que pour la reconquête, à visées plus politiques qu'économiques, d'anciens marchés en Europe et en Asie, reste économiquement marginale et se terminera dans un bain de miasmes pulmonaires virulents.

La flotte mondiale de porte-conteneurs en train de rouiller, comme en témoigne l'indicateur balte du fret solide (Baltic Dry Index), serait déjà coûteuse à remettre à flot même en cas de besoin. Au-delà de la difficulté de trouver un équipage encore indemne et volontaire, une première insécurité vient du grand nombre d'annulations de commandes "pour force majeure" alors que le navire de livraison entre déjà dans le port, parfois suivies de proposition de prendre la marchandise à moitié prix (voire moins) sachant que le navire doit être vidé pour embarquer la cargaison réservée pour son voyage de retour. Surtout, il suffit de la suspicion d'un seul marin contaminé pour qu'un cargo soit refusé à son port de destination, puis partout où il tente de faire escale pour se réapprovisionner en combustible pour poursuivre sa route, voire en eau potable quand sa course s'allonge. La mésaventure très médiatisée de quelques paquebots de croisière de luxe cache des centaines de drames équivalents concernant de plus discrets (car moins peuplés) navires de fret qui n'attirent aucun journaliste.

Par ailleurs l'effondrement de la consommation de pétrole et de gaz, d'abord en Chine qui en consommait un quart et a annulé ses commandes, puis dans le reste du monde, a entraîné une telle chute des cours que l'extraction a été arrêtée partout où elle n'était pas rentable au-dessous de 30 dollars le baril de pétrole brut. Les États-Unis en viennent d'ailleurs à considérer de nouveau l'opportunité d'une guerre, par exemple pour bloquer le détroit d'Ormuz et interrompre ainsi les exportations des pays arabes du Golfe Persique, afin de faire remonter les prix et rendre une "rentabilité" (subventionnée) aux entreprises extractrices de pétrole de schiste qui approvisionnent désormais leur marché interne d'ailleurs saturé.

Mais on a vu d'abord ponctuellement en mars des prix négatifs du pétrole (pas à la pompe certes), par exemple au Canada, les producteurs payant pour qu'on vienne enlever les invendus qui occupent les cuves (et accessoirement coûtent du stockage et des stabilisants) et empêchent d'emmagasiner ce que l'on extrait encore. Et le 20 avril c'est le cours du brut étatsunien à terme qui est tombé à -37 dollars le baril, un tarif négatif, pour la première fois dans l'histoire de l'extraction pétrolière, incongruité signifiant qu'on doit absolument se débarrasser de la production d'hier pour stocker celle de demain, à un moment où déjà plus de 10% de la flotte mondiale de superpétroliers était utilisée comme réservoirs, et où l'on a rempli de pétrole jusqu'aux mines de sel de Scandinavie.

Par ailleurs tous les secteurs ressentent maintenant le manque de matières premières, de composants ou autres qui venaient de Chine, sans compter ceux qui se contentaient de distribuer dans le monde les produits finis fabriqués en Chine.

Il paraît aussi que l'ensemble des chaînes logistiques internationales complexes se sont effondrées, un seul maillon manquant (une entreprise en faillite ou une infrastructure fermée) suffisant parfois à interrompre une chaîne qu'il faudrait ainsi recomposer ou substituer le jour où il y aurait de nouveaux flux à acheminer. On annonçait le 9 février que le monde ne recevait plus d'électronique chinoise ("*la dernière clef USB du rayon pourrait bien se vendre quatre fois plus cher que l'avant-dernière* […] *une poussée d'inflation pour les produits finis dans le monde*"), et fin février que le monde occidental manquerait aussi vite de médicaments indispensables que de détergents de grande consommation. En effet, même les grands laboratoires chimico-pharmaceutiques occidentaux dépendaient d'ingrédients chimiques dont 90% étaient produits en Chine.

De toute façon, si un surplus de production chinoise, après redémarrage de la production puis satisfaction des besoins internes, était de nouveau disponible à l'exportation dans deux ans par exemple, il resterait à trouver un moyen de paiement acceptable par la Chine après déstabilisation complète du dollar dont elle avait pourtant demandé (vainement) aux États-Unis de bien vouloir cesser de miner la valeur réelle, avec insistance depuis 2008.

Au niveau national les chaînes logistiques se sont également effondrées dans la plupart des pays développés et urbanisés dont l'essentiel de la population vit à plus d'une heure de marche de la production alimentaire. Mais les chaînes de paiement ont également été interrompues après la fermeture, dans l'indifférence publique et gouvernementale, des petites entreprises qui constituaient la trame des tissus économiques. Une entreprise privée a toujours une trésorerie tendue, en particulier dans les pays qui ont interdit les paiements en liquide au-dessus d'un plancher relativement bas (mille euros en France), et devant, par obligation légale, servir les salaires par virement, elle est obligée de déposer en banque ses recettes.

Or quand une petite entreprise entre en cessation de paiement, c'est vraiment qu'elle n'a plus de quoi payer, ça ne peut pas faire partie d'une politique déterminée d'élongation de trésorerie comme une grande entreprise ou une administration "mauvais payeur" pour ne pas dire voleuse par cavalerie systématique.

Une société anonyme qui vole, pollue, empoisonne ses clients, ses employés ou l'environnement reçoit une amende, dans le pire des cas elle est condamnée à des réparations au titre de la responsabilité civile, mais ses gérants salariés ne sont pratiquement jamais tenus pénalement responsables. De son côté un salarié qui perd son emploi met à jour son *curriculum vitæ* et cherche un autre emploi.

Par contre un artisan, un entrepreneur personnel ou un gérant majoritaire (voire statutairement minoritaire mais *de facto* seul dirigeant) dont l'entreprise n'honore pas un paiement, surtout si c'est envers un créancier privilégié (État, salarié, organisme social…) ne fait l'objet d'aucune pitié, même s'il n'a commis aucune faute de gestion et même si de lui dépendent directement ou indirectement plusieurs emplois. Une petite entreprise qui fait défaut, c'est une inscription personnelle du gérant au fichier de la Banque de France même si le paiement non honoré était un prélèvement erroné (effectué deux fois par exemple) par la banque de l'entreprise. Au-delà de l'infâmie, c'est l'interdiction de chéquier, la prohibition d'être de nouveau mandataire social d'une entreprise, et très souvent la poursuite sur les biens personnels.

Les grands discours sur la tolérance de retards de paiement, la mansuétude en matière de loyers ou l'absence de conséquences contractuelles et de poursuites légales sont restés sans effet. Les paiements réguliers des petites entreprises et des artisans et commerçants sont prélevés automatiquement sur leurs comptes bancaires, et ces automatismes n'ont pas été suspendus, même pas les cotisations à l'URSSAF contrairement aux annonces gouvernementales.

Et quand il n'y a plus de recettes parce que l'activité a été formellement interrompue, que les clients ont annulé leurs commandes ou qu'il n'y a simplement plus de clients, le premier incident de paiement, comme un chèque ou un effet de commerce présenté par un fournisseur et rejeté, ou un prélèvement automatique sans provision, entraîne le blocage du compte, c'est-à-dire l'arrêt par la banque des paiements même provisionnés, et donc le défaut de l'entreprise sur toutes ses dettes, pratique bancaire sur laquelle se base le "coup de râteau" si prisé des banquiers.

Le gouvernement français (comme d'autres) a annoncé avoir prévu une enveloppe de 300 milliards d'euros d'aides envers les petites entreprises. Plutôt que de distribuer cette aide à travers le réseau de service public décentralisé qui connaît la moindre petite entreprise (et son compte d'exploitation) et que la moindre petite entreprise connaît, à savoir l'URSSAF, le gouvernement a décidé de confier cette "mission" au secteur bancaire, qui a évidemment sauté sur cette juteuse concession. Cette aide n'est pas un don ou une indemnité pour compenser l'arrêt forcé des activités commerciales, c'est un prêt censé obliger les bénéficiaires ainsi endettés à redoubler ultérieurement d'activité afin de rembourser. Plus précisément, cette aide généreuse revêt la forme de prêts garantis par l'État.

Or manifestement les banques refusent de les distribuer, puisqu'elles n'y ont aucun intérêt sonnant et trébuchant. Tout d'abord les banques ont fermé leurs agences, elles ne reçoivent plus leurs clients et lorsqu'elles annoncent un horaire de réception, même les particuliers ont vite compris que c'est de mauvais gré et qu'il est extrêmement difficile d'y être reçu. Les clients commerciaux ne sont pas mieux traités, et d'après de nombreux témoignages ils peuvent écrire, tenter de téléphoner, utiliser tous les moyens de télécommunications diffusés par les conseillers bancaires soi-disant "à leur écoute", en plusieurs semaines d'insistance ils n'arrivent très généralement pas à les joindre ni à obtenir la moindre réponse écrite ou orale à leurs messages.

Les échéances sont toujours rigoureusement prélevées, et les prêts annoncés par le gouvernement ne sont pas distribués. D'après un certain nombre de chefs d'entreprise dont les conseillers bancaires ont accepté de recevoir et d'étudier la demande, les banques n'acceptent de livrer ces prêts que moyennant l'apport en caution supplémentaire (et illégale) des biens personnels du gérant, alors même que la garantie de l'État est d'une part plus solide et d'autre part justement destinée à mettre ces prêts à la disposition de toute entreprise nécessiteuse, sans de plus ajouter un risque personnel pour le gérant.

En conséquence, au 6 avril c'est-à-dire après trois semaines de confinement et à une semaine de la date alors annoncée de levée dudit confinement, il n'avait été distribué des prêts qu'à hauteur de 20 milliards d'euros c'est-à-dire moins de 7% de l'enveloppe prévue. Et le 13 avril, en annonçant la prorogation du confinement pour un mois, le président Macron a affiché son intention de lancer l'étude de plans de soutien, et a avoué que "*des annulations de charges et des aides spécifiques seront mises en place*", c'est-à-dire qu'un mois après avoir arrêté l'activité économique du pays le gouvernement n'avait même pas suspendu le prélèvement des charges.

Pourtant, parallèlement le gouvernement ne cache pas sa volonté d'aider les très grandes entreprises, non pas en cautionnant des prêts à leur intention mais en leur accordant des subventions, en rachetant leurs obligations ou leurs parts de capital, voire en les nationalisant partiellement ou totalement. Il a ainsi accordé une aide de sept milliards d'euros (dont quatre par voie bancaire) à Air France, après que cette entreprise qui emploie 41 000 Français ait annoncé une perte d'exploitation de 0,815 milliard pour le premier trimestre. Sept milliards d'euros, c'est aussi le montant de l'aide (à partager) promise par l'État aux très petites entreprises, ce million d'employeurs de moins de dix salariés qui, au total, emploient un salarié français sur cinq. La priorité gouvernementale est claire.

Cet énorme déséquilibre de l'aide étatique au profit du grand capital failli et peu employeur, et au détriment des petites initiatives vraiment privées et grandes pourvoyeuses d'emploi, est manifestement un choix politique plutôt qu'économique. En effet les très petites entreprises, en plus d'être collectivement l'un des plus grands pourvoyeurs d'emplois salariés du pays, sont aussi individuellement les employeurs les plus dynamiques et prometteurs car une seule embauche y représente un accroissement de 11 à 100% de leur effectif. Elles sont statistiquement et humainement plus enclines à recruter, lorsqu'elles vont bien, que les grandes organisations, et elles sont aussi plus vulnérables aux aléas économiques et politiques. Elles sont par nécessité et par proximité ouvertes sur leur marché, et aussi tant par nécessité que par leur taille humaine elles sont plus adaptables qu'une compagnie aérienne dont le marché a cessé d'exister, ou été divisé par dix. Aussi le sauvetage de ces très petites entreprises aurait un impact économique et social bien plus important qu'une participation aux pertes d'Air France, ce qui montre que la motivation du gouvernement n'est pas économique.

Ainsi donc, en à peine quelques semaines de collusion entre les effets de l'épidémie et les décisions de l'État, des centaines de milliers de petites entreprises sont déjà définitivement fermées, même si les chiffres officiels n'en seront connus que l'année prochaine. En effet, à leur réouverture les greffes de tribunaux de commerce et les chambres de métiers auront certainement du travail courant à rattraper cet été, et ne se pencheront pas avant cet automne sur l'hécatombe exceptionnelle de ce printemps, pour annotation dans les registres du commerce et des sociétés, et les registres des métiers, aux commencements de la nouvelle ère politique.

Or une petite entreprise qui ferme n'est pas un bureau de poste que l'on peut rouvrir demain, là ou ailleurs, par une simple note de service assortie d'une réaffectation budgétaire. Mettre "la clef sous la porte", c'est l'aboutissement malheureux d'années de prise de risque personnel sans limitation d'horaires de la part d'un entrepreneur qui termine ruiné. De plus le pays aux plus lourds prélèvements obligatoires au monde n'est pas vraiment un paradis en expansion plein de promesses ou simplement de bienveillance envers qui veut bien se risquer (et risquer ses biens futurs) à entreprendre.

L'entrepreneur totalement ruiné d'aujourd'hui n'entreprendra plus, sauf s'il est jeune et a gardé la foi à travers l'adversité, la fiscalité et le harcèlement bureaucratique. Malheureusement les statistiques de l'INSEE rappellent qu'une bonne partie de ces 10% de non-salariés, à savoir entrepreneurs, artisans et commerçants, qui insufflent le dynamisme nécessaire au progrès d'une économie constituée à 90% d'emplois végétatifs, sont des *séniors*, selon le doux euphémisme bureaucratique évitant la "stigmatisation" des prochains passibles du décret 2020-360 du 28 mars (celui prescrivant le clonazépam Rivotril pour les géronticides à domicile).

On peut ajouter, pour les 90% de la population qui ne connaissent de l'économie que le point de vue de l'employé, que d'après les statistiques il faut en moyenne trois ans pour qu'une entreprise atteigne le point mort, c'est-à-dire pour qu'un créateur d'entreprise (un entrepreneur tout simplement) cesse d'y perdre de l'argent et de devoir y abonder, et cinq ans pour qu'elle commence à en gagner et donc que l'entrepreneur puisse se servir un revenu et ainsi commencer à rembourser l'endettement de lancement. Or, quand de plus on n'a pas le loisir d'autre activité lucrative partielle si on s'éreinte des dizaines d'heures par semaine sans *week-end* pour tenter de faire décoller son affaire, cinq ans sans revenu c'est long.

Le salaire de l'entrepreneur est aussi le premier à cesser d'être pris quand une petite entreprise connaît des difficultés. Il existe même un phénomène totalement inconnu du grand public, le non-emploi au noir, inverse de l'emploi au noir, quand un entrepreneur déclare déjà ou encore un salaire fictif (et paie les charges correspondantes) qu'en réalité il ne se verse pas, et ne peut même pas inscrire en compte courant.

Pourtant, si personne n'entreprend lorsqu'il sera possible de travailler de nouveau, personne ne se trouvera tellement submergé de travail qu'en dépit de tous les engagements à long terme, coûts et rigidités qu'implique la signature d'un contrat d'emploi, il sera contraint de recruter des salariés pour l'aider. Dans les pays développés, depuis cinquante ans, ce ne sont pas les grandes entreprises qui enfantent ("créent" disent les fonctionnaires) les emplois. Il y a des réalités qu'on n'enseigne peut-être pas à l'ENA, l'initiative, l'entreprise et la prise de risque ne se décrètent pas.

L'économie réelle des pays totalement arrêtés par peur du coronavirus n'est pas sinistrée, elle est naufragée et ne se reconstruira pas à moyenne échéance.

Aux États-Unis la plus grande banque, JP Morgan, au contraire des banques françaises qui refusent de distribuer les prêts garantis par l'État ou demandent illégalement l'apport de biens personnels en caution supplémentaire, a compris que l'économie était en train de s'effondrer. Depuis le 7 avril cette banque n'étudie plus les demandes de prêts des petites entreprises, sauf justement ceux relevant du tout nouveau Programme de Protection des Salaires gouvernemental. Comme d'habitude cette banque dominante sera imitée par ses consœurs. Petit détail, les banques qui ont, en avril, détourné frauduleusement au profit de grandes entreprises la plupart de ces prêts aidés ne seront pas inquiétées, toutefois certaines des bénéficiaires ont accepté de rembourser ces aides indues.

Alors qu'après l'éclatement de la bulle des emprunts immobiliers insolvables, en 2008, les banques étatsuniennes avaient massivement saisi les biens immobiliers des acheteurs surendettés auxquels elles avaient quelques années plus tôt fourgué lesdits prêts insoutenables, en 2020 elles préfèrent placer des prêts sans intérêt garantis par l'État et cesser de placer leurs propres prêts, ce qui signifie d'une part qu'elles attendent une grande vague de défaut de paiement sur ces prêts aux petites entreprises, et d'autre part qu'elles attendent l'effondrement de la valeur de tous les biens immobiliers ou autres que les emprunteurs pourraient apporter en garantie (et qu'elles saisiraient en cas de cessation de remboursement). Et le défaut, pour la première fois, de près d'un tiers des locataires étatsuniens sur leur loyer du mois d'avril, semble corroborer ces pronostics non-dits.

En Italie comme en France, les quelques entrepreneurs qui ont eu accès à leur conseiller bancaire réticent en dépit de la réduction des effectifs bancaires à 30% du temps normal se voient priés d'attendre plus ample information quant aux conditions d'accès aux prêts d'urgence garantis par l'État, et en tout cas une longue procédure itérative d'un ou deux mois pour l'obtention de toutes les approbations, soit plusieurs fois le temps qui suffit à tuer une petite entreprise. Les prêts bancaires commerciaux, eux, restent disponibles, sur critères d'accès durcis (comme aux États-Unis où il est devenu impossible d'obtenir le moindre prêt classique) et évidemment apport de garantie, au cas où quelque entrepreneur trouverait que c'est le moment de s'endetter pour s'investir.

Les 200 milliards d'euros que le gouvernement italien a affectés à ce programme de prêts d'urgence avec garantie de l'État risquent de ne pas s'épuiser rapidement. Et au Royaume-Uni, à la mi-avril 1% des entreprises éligibles avaient réussi à obtenir le prêt d'urgence annoncé par le gouvernement près d'un mois plus tôt.

Pourtant le gouvernement anglais avait un temps d'avance car début 2019 il avait planifié, avec l'aide de la British Business Bank, un programme d'aide aux petites entreprises au cas où l'émancipation de l'Union Européenne aurait entraîné de grosses difficultés économiques. Ainsi le jour même de la fermeture de l'économie, le 19 mars, le gouvernement put annoncer la disponibilité d'un fonds d'aide d'urgence de 330 milliards de livres. Mais quatre semaines plus tard, sur les 300 000 demandes enregistrées (on en attendait plusieurs millions) 4000 avaient été honorées, pour un montant total de 800 millions de livres soit 0,24% de l'enveloppe prévue. Les banques blâment les complexités administratives de cette aide étatique, le gouvernement blâme le sabotage volontaire de l'opération par les banques (connues là comme ailleurs pour répugner à prêter aux petits), en attendant les petites entreprises n'ont rien reçu.

Les gouvernements dégainent pourtant des centaines de milliards d'euros ou équivalents, hors bulle boursière, pour sauver les quelques dizaines d'indispensables grandes banques d'affaires (une fois de plus) et d'assurances, compagnies aériennes, fabriques de voitures et de logiciels et chaînes de distribution de pacotille chinoise. Mais pendant ce temps les millions d'inutiles indépendants et professions libérales, épiceries, quincailleries, garages de mécanique, boutiques et ateliers réparateurs d'informatique, hôtels et restaurants, fromageries, conserveries, expéditeurs et transporteurs routiers, fabriques de vélocipèdes, et fermes agricoles (on y reviendra) disparaissent à grande échelle en quelques semaines dans l'indifférence générale, quand ce n'est pas sous les cris de victoire du progressisme internationaliste jacobin sur le poujadisme populiste rétrograde.

On écrivait, en pages 75-76 du Onzième Coup de minuit de l'avant-guerre, "*c'est le fait que l'économie financière pèse le centuple de l'économie réelle qui est un très grave danger pour l'humanité* […] *car si une puissance* […] *trouvait la possibilité d'accroître l'économie financière de 2% en anéantissant totalement l'économie physique qui ne représente que 1% du total, la logique économique lui ordonnerait de le faire immédiatement*".

C'est fait, quelle que soit la santé de l'économie financière on vient de fermer l'économie réelle. Pourtant, comme on le notait à la même page, "*l'humanité pourrait survivre en mangeant des pommes de terre, mais certainement pas en se contentant d'électrons composant une suite de zéros même faramineuse sur une ligne comptable d'ordinateur*".

Famine

Le fameux effondrement des chaînes logistiques ne concerne pas seulement le commerce international mais aussi les transports internes.

L'interruption des transports a parfois précédé les mesures officielles, quand par exemple des habitants de tel village encore épargné au bord d'une route provinciale ou nationale l'ont coupée pour éliminer le risque que des transporteurs à longue distance leur amènent le virus. Ensuite les autorités locales, provinciales ou nationales ont suivi, quand ce n'était pas interdit par une idéologie échangiste établie en dogme au-dessus de la santé des populations, comme dans l'Union Européenne.

Par exemple le gouvernement fédéral argentin, qui comme d'autres avait totalement ignoré le risque et omis de fermer les frontières, n'a finalement accepté d'imposer le confinement national qu'après que sept provinces aient rétabli et fermé leurs frontières, interrompant par là le transport de marchandises non seulement entre les provinces intérieures et les grands ports d'exportation mais également à destination interne.

De même aux États-Unis, si l'événement qui a marqué l'opinion est la traque des New Yorkais à Rhode Island pour leur internement forcé en quarantaine, d'abord dans la rue selon les plaques d'immatriculation, puis au porte à porte par une recherche menée par la Garde Nationale (armée territoriale), ce qui a obligé le gouvernement fédéral à agir est la fermeture des frontières de plusieurs États avec mise en place de barrages routiers munis de contrôles sanitaires, notamment autour de la Louisiane actuelle et autour de New York.

Une restriction des déplacements personnels, qu'ils soient d'agrément ou professionnels, n'est pas une préoccupation majeure, une chute du tourisme n'est qu'un problème sectoriel, mais une paralysie des transports de marchandises peut mener à l'asphyxie ou l'inanition d'un pays. En France, et donc en Europe dont elle est au carrefour, tous les vingt ans le blocage de quelques péages d'autoroutes pendant trois jours suffit à faire plier n'importe quel gouvernement devant n'importe quel syndicat, en rappelant à tous l'importance stratégique et vitale des transports routiers.

De nombreuses entreprises de transformation ou conditionnement agroalimentaire ont été amenées à fermer. Certaines recevaient des matières premières agricoles de l'étranger, tandis que d'autres s'approvisionnent sur les marchés nationaux. Les premiers flux interrompus ont été bien sûr ceux en direction de la Chine (soja, viande…), puis moins d'un mois plus tard ceux en direction de l'Union Européenne, qui a cessé d'importer des denrées alimentaires sans que la presse interne s'en fasse l'écho, avant même de cesser d'exporter, par exemple vers l'Afrique du nord qui est comme on le sait sous perfusion alimentaire étrangère.

Mais déjà la bourse des grains de Chicago avait connu de fortes baisses, dues à l'effondrement temporaire des importations de la Chine, qui ont un peu affaibli l'économie des exportateurs agricoles de l'hémisphère sud déjà justement obligés en plein été (saison des récoltes) de trouver des débouchés et des clients pour remplacer la

Chine. Et fin mars les bourses aux grains ont au contraire subi de fortes augmentations de cours (qui n'en sont qu'à leur commencement), dues à la cessation des exportations de plusieurs pays, comme le Vietnam, la Thaïlande (riz) et le Kazakhstan (blé) notamment.

Certains pays font passer l'alimentation de leur population avant l'exportation pour des devises étrangères promises à la dépréciation, d'autres (particulièrement en Asie) sont en train de constituer des stocks stratégiques en vue des mois ou années difficiles à venir, et d'autres encore anticipent qu'avec la pénurie de fruits et légumes les gens mangeront plus de céréales.

Car si, dans les pays menés à vue d'élection en élection par des fonctionnaires intérimaires qui suivent en différé les réactions de la bourse aux événements récents, "gouvernement" est devenu synonyme de gouvernail de poupe dans le sillage du navire, dans ceux à longévité institutionnelle où le mandat prévisible impose d'anticiper un futur pluridécennal, "gouvernement" renvoie plutôt à l'image de timonier au pied du mât de vigie d'où l'on scrute l'horizon avec une longue-vue.

En Chine continentale les autorités régionales et locales ont été priées en mars (alors que la propagande du régime déclarait la fin de l'épidémie et le retour à la normalité économique) non seulement de constituer des stocks communaux, mais aussi d'inciter les familles à emmagasiner six mois de réserves de riz.

Dans certains pays il s'est produit presque du jour au lendemain un bouleversement complet du mode d'alimentation et donc d'approvisionnement. Ainsi, aux États-Unis où de l'ordre de quatre personnes sur cinq mangeaient "en ville" dans ce qui y tient lieu de restaurants ou devant les baraques à *hot-dogs*, la fermeture soudaine de ces débits de nourriture, à différentes dates selon les États mais chaque fois dans des villes et provinces entières, a complétement désorienté la logistique.

Par exemple les agriculteurs qui vendaient leurs produits frais aux restaurants se sont soudain retrouvés sans clientèle pour leurs produits, et n'étaient (ne sont) pas équipés et organisés pour le conditionnement et la vente à la grande distribution. Leurs capacités de stockage étant limitées, ils ont commencé à jeter des tonnes de produits, comme en Europe. De même les grossistes en frites précuites et autres poulets congelés, où s'approvisionnaient les baraques à *hot-dogs*, se sont trouvés subitement submergés d'invendus, avec les problèmes de péremption pour les végétaux frais et produits laitiers.

Au même moment les hypermarchés et supermarchés ont été pris d'assaut par les semi-confinés soudain condamnés à mettre enfin en service leur micro-ondes voire à apprendre à bouillir des nouilles, et ces grands magasins, plus habitués à vendre des amuse-gueules secs de canapé et de la pâte de cacahuètes à tartiner devant le téléviseur, ont vu partir en quelques heures leurs rayons de sachets de riz et de sauce tomate.

La rupture d'approvisionnement fut immédiate, ces grandes chaînes du juste-à-temps n'ayant que quelques jours de tampon dans leurs entrepôts régionaux, et devant aussi identifier de nouvelles sources d'approvisionnement en volume pour des produits de grande consommation qu'elles ne vendaient pas, ou seulement à l'échelle de l'échantillon au rayon diététique gourmet et contrefaçons de marques françaises. Proposer un demi-mètre linéaire de flacons de quart de litre d'huile parfumée aux herbes de Provence chiliennes garanties biologiques, équitables, organiques et non génétiquement modifiées sans gluten ou sucre ajouté, et se trouver d'un coup devant une demande de vingt palettes de bidons de deux gallons d'huile à frire bon marché, ça renvoie les responsables des achats devant leur écran de recherche de fournisseurs pour un petit moment. Et une fois trouvé le fournisseur, ces grandes enseignes de distribution ont raflé l'offre disponible et livrable rapidement, et ce sont les petits commerces locaux (aux États-Unis les stations-service et supérettes en franchise) qui ont cessé d'être approvisionnés.

Ce changement majeur du mode de consommation et d'alimentation s'est produit subitement et sans préavis, pendant que le contenu de certains entrepôts pourrissait et que des trains de semi-remorques en cours de décongélation tournaient pendant des jours à la recherche d'une brèche entre les barrages routiers. Or en la matière ce qui est perdu est perdu, et irremplaçable quand il n'y a plus d'importations.

Le pays qui, déjà en temps dit normal, gaspillait près de la moitié de ses denrées alimentaires, dont une bonne partie en amont de la vente au consommateur final, voit venir la famine aussi sûrement qu'il a vu se multiplier l'indigence. Les volontaires de soupe populaire, qu'on appelle là-bas "queues pour le pain" (*breadlines*), ont parfois vu la demande littéralement centuplée, à savoir que des cuisines de rue qui nourrissaient habituellement quelques centaines de personnes déclarent en avoir soudain reçu des dizaines de milliers (faisant parfois la queue dès deux heures du matin), au moment même où les dons disparaissaient, en particulier les produits en limite de péremption donnés par les supermarchés désormais eux-mêmes sans marge d'approvisionnement.

Dans plusieurs États la Garde Nationale, ou armée territoriale (réserve mobilisée) est, en fin avril, déployée en soutien (approvisionnement voire si nécessaire protection) des associations bénévoles de soupe populaire. La fermeture de la plus grande usine Smithfield de salaison du pays (qui traitait 5% de la charcuterie) après la contamination d'une partie du personnel, induisant une augmentation immédiate des prix des produits porcins mais aussi un déficit d'offre de ces produits, n'est que l'arbre symbolique qui cache la forêt des nombreuses usines agroalimentaires qui ont fermé soit en raison d'une contamination soit en raison du tarissement de leurs approvisionnements.

Des fermetures similaires (Hormel, Tyson, Cargill) ayant eu lieu sur les marchés du bœuf et du poulet, c'est toute la filière viande qui voit maintenant les prix augmenter (ce qui n'est pas grave en soi) et l'offre diminuer. Les quatre premières semaines d'avril ont vu la transformation charcutière porcine étatsunienne réduite d'un tiers, en raison des déclarations d'épidémie dans diverses usines. On attendait en conséquence un début de pénurie au niveau du petit commerce de détail (les grandes chaînes ayant priorité) vers la fin de la première décade de mai, il est bien arrivé. La pénurie de certaines pièces de salaison a fait doubler leur prix de vente aux supermarchés, tandis que le surplus d'offre des élevages face à une capacité d'abattage et de charcuterie diminuée a fait baisser de 20% le prix à terme (commande pour mai) des verrats, permettant à certaines usines charcutières encore en service de quadrupler leur marge depuis le 1er avril.

Et évidemment, comme un animal d'élevage continue de manger et de coûter même après l'âge où il aurait dû être abattu, contrairement à un téléphone portable invendu qui peut attendre dans son emballage, les éleveurs sont obligés de réduire leurs cheptels, alors même que les consommateurs voient les prix augmenter et l'offre se réduire. Faute d'usines pour les recevoir on tue et jette les poulets par millions, et les pourceaux par dizaines de milliers. Certes dans les élevages en batteries il ne faut que quelques semaines pour produire un poulet mais de bons mois pour produire un porc, aussi ne suffira-t-il pas de passer commande pour rattraper les productions détruites. Par ailleurs il faut aussi compter avec des délais de reconstitution de cheptel en cas d'augmentation de la demande après réduction de la capacité reproductrice. Une nouvelle poule pond en quelques mois, mais pour le gros bétail mammifère le délai entre l'acquisition (ou la naissance) d'une femelle reproductrice et sa première mise bas va d'un an et demi à trois ans selon les espèces.

Le 26 avril le New York Times annonçait que la chaîne d'approvisionnement alimentaire était en train de se briser et que des millions de kilogrammes de viande viendraient à manquer. Le prix de gros de la viande de bœuf a bondi de 62% entre février et fin avril. Pour les œufs, dont la filière pourrait sembler plus courte entre le producteur et le consommateur en l'absence de transformation majeure et de passage en usine, le ministère étatsunien de l'agriculture avait déjà noté un triplement du prix de gros (pas encore répercuté au consommateur) entre début et fin mars. Il ne serait pas surprenant qu'une évolution similaire soit en cours dans d'autres filières agroalimentaires, et dans d'autres pays soumis à la même épidémie. Or quand les prix de gros augmentent on ne peut maintenir indéfiniment les prix au détail, et les régimes politiques qui s'y sont essayés ont été débordés ou ont abouti à une réduction de l'offre.

En effet des situations analogues se produisent partout dans le monde. Le Brésil, premier exportateur mondial de poulet et de bœuf, commence à son tour à fermer ses usines, en raison de la contamination du personnel. Au Royaume-Uni il a fallu attendre jusqu'au 18 avril pour que la presse fasse ses gros titres sur la difficulté voire l'impossibilité (selon les régions) de trouver de la farine de blé en sachets d'un kilogramme dans les supermarchés. Au Chili, pays agricole pourtant, des émeutes "de la faim" (mais aussi de l'inégalité criante) ont amené le gouvernement à annoncer le 17 mai la distribution de paniers de subsistance pour deux millions et demi de personnes, soit 13% de la population de dix-neuf millions d'habitants.

Dans le courant du mois de mai, des abattoirs et usines de transformation de viande ont été fermés dans divers pays européens, pour cause de contamination du personnel. Enfin en juin, après la contamination de l'abattoir Tönnies, en Rhénanie-du-Nord-Westphalie, on a décidé sa fermeture complète pour début juillet (le temps de traiter les en-cours). Ce plus gros abattoir d'Europe fournissait 30% du marché de la viande en Allemagne.

Dans d'autres pays occidentaux, sur instruction gouvernementale ou sur initiative des gestionnaires de supermarchés, on refuse de vendre plus d'un litre d'huile ou d'un kilogramme de farine ou de sucre par chariot, sans distinguer bien sûr entre la famille qui vit en face du supermarché et peut envoyer un enfant le matin et un autre l'après-midi, et celle qui vit à la campagne et ne sort la voiture qu'une fois par quinzaine. En la matière, dans les pays fortement urbanisés les normes sont édictées par et pour la population urbaine, avec des conséquences dont celle-ci souffrira d'ailleurs, dans un futur proche.

Dans une bonne partie du monde développé, en ce mois d'avril 2020 la clientèle de la grande distribution est entraînée à n'aller faire ses emplettes qu'une fois par semaine, à n'acheter que le strict minimum pour une semaine, à faire la queue sur des centaines de mètres en respectant la distance de sécurité entre les chariots, à se canaliser entre des rubans de contention, et finalement à ne pas trouver la quantité souhaitée mais "c'est commandé on en recevra la semaine prochaine"... toutes choses qu'elle associait encore récemment à une lointaine fatalité vénézuélienne. Dans certains endroits, ces rubans de contention démarquent la zone autorisée, à savoir celle des produits dits de première nécessité, car lorsque les clients suivants attendent dehors que quelqu'un sorte pour qu'on en laisse entrer un, il ne serait pas convenable de faire perdre du temps à tout le monde en allant visiter le rayon jouets, électronique de loisir ou jardinage.

Dans les pays où, après avoir vu l'engouement déraisonné des Étatsuniens à la télévision, on s'est par imitation jeté sur le papier hygiénique, la presse s'est empressée d'accuser les thésauriseurs égoïstes. On a suspecté les clients désorientés (ils n'étaient pas paniqués) d'être des "survivalistes" enfin exaucés dans leur attente d'une apocalypse libératrice, comme si gens-là n'étaient pas approvisionnés à l'avance et allaient gâcher leur chariot du dernier jour en frivolités consommables.

En réalité, parmi les Européens lucides, même les imprévoyants qui n'avaient pas suivi le conseil du gouvernement allemand (suite à la crise de l'endettement immobilier étatsunien insolvable dit *subprime* il y a douze ans) d'avoir toujours trois semaines de nourriture chez soi, ont acheté dans la dernière semaine de février de quoi tenir pendant une quarantaine équivalente à celle qui venait d'être décrétée pour deux semaines en Italie. Et comme pour tous les achats effectués auprès de la grande distribution en temps de normalité, les rayons ont été recomplétés le lendemain, plusieurs semaines avant l'interruption des livraisons et la fermeture des commerces.

En réalité aussi, ceux qui suivaient avec anxiété depuis fin janvier les événements en Chine savaient qu'un mois de plus de papier hygiénique n'évacuerait pas la question de l'après-papier, et ceux qui s'attendaient à une quarantaine longue s'inquiétaient plutôt de l'arrêt total des exportations des produits chimiques à la base de 90% des produits de nettoyage (et des médicaments) du monde. Mais cela n'a pas empêché une grande campagne de stigmatisation et culpabilisation des égoïstes accapareurs de plus d'un litre d'huile, allant jusqu'à l'encouragement des voies de fait envers les paysans venus innocemment faire leurs achats du mois ou du trimestre, par des foules de citadins habitués à traverser la rue pour six œufs ou cinquante grammes de fromage après avoir mis le couvert pour l'omelette.

D'ailleurs, avoir forcé les derniers paysans à venir en ville acheter à manger en se soumettant aux règles citadines, on devrait s'en repentir.

Pourtant, lorsque l'épidémie a débordé de Codogno c'est bien sûr sur l'alcool en gel et les masques hygiéniques que les Milanais se sont précipités, mais un mois plus tard lorsque la presse a montré la ruée des Étatsuniens papivores sur le double-feuille parfumé les Européens ont semblé en avoir oublié que manger est encore plus vital… Du moins la triviale priorité qui leur a été suggérée a permis de faire passer et accepter l'idée que seuls les Européens sortis du communisme il y a trente ans pouvaient concevoir, celle du rationnement.

Cette idée s'est d'ailleurs couplée avec une autre, bien plus ancienne, venue de la Bible, à savoir l'interdiction de faire des réserves : il est interdit de douter que la manne céleste tombera encore demain, car ne pas faire confiance à Yahvé ou à l'Emmanuel pour l'avenir serait un péché et un acte de rébellion punissable. Il faut vivre au jour le jour, le marché, le salaire, le système de protection sociale, l'État-providence pourvoiront.

La FAO et l'OMS ont attendu jusqu'à avril pour prévenir de l'imminence d'une pénurie alimentaire mondiale, au cas où quelqu'un ne l'aurait pas encore vue venir.

En réalité en Europe on avait déjà fortement réduit les travaux de préparation de champs de fin d'hiver, d'une part en raison de la pénurie de main d'œuvre et d'autre part en raison du paradigme économique encore dominant selon lequel le volume des semailles est plus dicté par la demande internationale attendue, chinoise notamment, que par les besoins nationaux connus. Puis les récoltes maraîchères manuelles de printemps ont été très réduites. Asperges, fraises, toutes les récoltes qui ne durent que trois ou quatre semaines dans l'année ont été en partie perdues, de même que les vendanges dans l'hémisphère sud au même moment. Même le grandiloquent appel du ministre français de l'agriculture à la mobilisation volontaire d'une armée d'urbains désœuvrés est resté sans effet. En deux mois, entre début avril et fin mai, le prix des produits frais en France a déjà augmenté de 18% d'après l'INSEE.

En avril les agriculteurs québécois trouvaient encore des milliers de Mexicains et Guatémaltèques pour venir, par avions spécialement affrétés après la fermeture des lignes aériennes commerciales, procéder au travail manuel de récolte que les natifs répugnent à faire. Le salaire d'un saisonnier étranger est le même que celui d'un travailleur québécois (c'est vraiment par défaut de candidatures locales que les agriculteurs paient le surcoût du voyage), mais étant huit à dix fois supérieur au salaire d'un ouvrier agricole au Mexique il est très attractif pour ces immigrés temporaires qui, tous frais payés sur place, repartent avec en poche l'intégralité dudit salaire. Toutefois, cela implique le passage par des aéroports (et donc des grandes villes), et tout simplement le risque de tomber malade loin de chez soi. Ce *modus operandi* prendra fin très bientôt.

D'une manière générale, et contrairement à la production céréalière assez mécanisée, la production de fruits et légumes est très dépendante d'une main d'œuvre saisonnière, parfois étrangère et en tout cas vulnérable au virus, et consciente de l'être même quand elle ne se trouve pas confinée d'autorité à domicile. Il faut s'attendre au brunissement des dernières bananes sur les étals des pays tempérés. Moins indispensable et plus lié à une consommation de comptoir qui appartient au passé, le café n'est plus récolté en Colombie et au Pérou (au Brésil la récolte est mécanisée), les plantations ne pouvant plus trouver de journaliers agricoles, terrés dans leurs villages par peur de la contagion.

De même en Allemagne la récolte du houblon est compromise, les agriculteurs n'arrivant plus à trouver de volontaires, ce qui met d'ailleurs en danger de faillite des milliers de fermes houblonnières. Mille six cents brasseries ont fermé ou réduit leur production, et si la moisson du houblon n'a pas lieu il y aura une pénurie de bière en Allemagne l'année prochaine, un événement dont seul un Allemand peut comprendre la gravité, la cervoise représentant une part non négligeable de l'apport calorique quotidien du régime alimentaire ultra rhénan.

Il y a plus grave que la bière, en l'occurrence les céréales et plus particulièrement le blé. Par malchance de fortes pluies en février et mars 2020 ont retardé les semis de printemps, et à la mi-mars 72% des agriculteurs français déclaraient n'avoir pas commencé ces semis, ce qui inquiétait les trois-quarts de ces retardataires (un quart pensant pouvoir encore rattraper leur retard). C'est aussi en raison de pluies inhabituellement fortes à l'automne dernier, notamment au Royaume-Uni, qu'une partie des terres n'a pas pu être ensemencée, ramenant les prévisions de moissons dans l'Union Européenne à 136,5 millions de tonnes de blé pour 2020, donc déjà en baisse de 6% par rapport à 2019 avant même la prise en compte des facteurs coronavirus et confinement.

Hors Union Européenne mais parmi ses fournisseurs, en mars l'ex-Ukraine et le Kazakhstan, faisant passer l'alimentation de leur population avant la demande des marchés internationaux, ont décidé d'interdire l'exportation de blé, suivies par la Russie (premier exportateur mondial) du moins jusqu'au 1er juillet c'est-à-dire aux prochaines moissons.

Moins soucieuse de souveraineté alimentaire nationale ou européenne que les pays russes, ou "contrôlant la situation" selon ses coutumes gouvernementales, la France a décidé de battre soudain tous ses records d'exportations de blé tendre (froment panifiable), notamment vers la Chine continentale, qui a déjà emmagasiné 55% des réserves mondiales de céréales mais souhaite accroître encore ses stocks. Ainsi la France avait exporté 13,2 millions de tonnes de blé au premier trimestre 2020, record historique en la matière, notamment vers le Maroc et le reste de l'Afrique du nord et de l'ouest.

Vers la Chine, la France avait déjà exporté fin mars 697 000 tonnes de blé, soit cinq fois plus qu'en 2019 à la même date (130 000 tonnes), et elle a encore accéléré le rythme pour arriver à un total de 1,14 million de tonnes au 10 avril. La nette baisse (335 000 tonnes) des exportations vers les autres pays européens ne contribuant que pour un tiers à la phénoménale multiplication des exportations vers la Chine, c'est essentiellement le marché intérieur français qui devra supporter le déficit d'offre en 2020 et 2021, voire au-delà si on ne peut pas revenir l'année prochaine au niveau de production de 2019.

Cette priorité politique de se défaire à tout prix de la production française, ou de contribuer au transfert à la Chine de l'essentiel des réserves mondiales, se traduit d'ailleurs par une offre à un prix bien inférieur à celui du marché, en l'occurrence 226 dollars la tonne au lieu de 230 à 280 selon les autres pays producteurs. Il est évident que ces exportations massives bradées au-dessous des prix internationaux n'ont pas une motivation financière, puisque ces 235 millions d'euros attendus de la Chine, ou 2,7 milliards des autres clients, qui plus est payables en dollars très surévalués au moment où l'euro est à un minimum, ne représentent qu'une goutte d'eau dans l'économie française d'avant le confinement.

En clair, garder ce blé en France en prévision de ce que la Chine prévoit ou prépare au niveau mondial, et en indemnisant correctement le secteur céréalier, aurait coûté au gouvernement moins de 1% des 300 milliards d'euros d'aides qu'il a récemment promis aux petites entreprises. Il n'y a pas de problème de stockage, les silos étant pour l'essentiel déjà vides à la fin avril dans l'attente de ce qu'il y aura de moisson cet été… et l'ensilage complémentaire sous nylon en bout de champ n'ayant plus de secret pour les grandes puissances agricoles.

Il semble cependant que le gouvernement a d'autres priorités que de recompléter les stocks français qui étaient pourtant déjà particulièrement bas en fin 2019, ou de parer au déficit de récolte qu'on attend pour la campagne 2020. D'ailleurs justement le 13 mars la présidente de la FNSEA

Christiane Lambert avait déploré que la France n'ait pas de stocks alimentaires stratégiques, et avait appelé le gouvernement à en constituer, ce à quoi il a répondu fin mars et début avril, comme on vient de le voir, par l'accélération des exportations, qui plus est bien au-dessous du prix du marché international du moment.

Aux yeux du citoyen profane ignorant des obscurs ressorts des hautes stratégies alimentaires gouvernementales, il semblerait même que le ministère de l'agriculture applique pour le blé en ce printemps les mêmes instructions que le ministère de la santé appliquait pour les masques sanitaires en fin d'hiver, avec des conséquences qui pourraient s'avérer bien plus dramatiques.

Les céréales, même si une bonne partie est destinée à l'exportation, ne doivent pas seulement être considérées comme une ressource stratégique économique dont il faut réguler les cours par des stocks tampon, mais également comme une ressource alimentaire périssable et indispensable, au moins au même titre que le vin et les produits laitiers, voire plus puisqu'elles apportent un tiers des calories consommées par l'humanité.

Parallèlement il s'ajoute en matière de céréales, comme pour d'autres produits agricoles, un problème logistique, en l'occurrence de transport ferroviaire, fluvial et routier.

En matière ferroviaire cela a commencé par la division par deux du nombre de trains de marchandises dès la première semaine du confinement. En effet les conducteurs de trains bénéficient du "droit de retrait" en cas de perception d'un risque pour leur personne (contrairement au personnel soignant et au personnel verbalisant), ne sont pas rémunérés à la tâche (nombre de trains conduits ou de kilomètres parcourus) ni même à l'heure de présence, et sont épaulés par de puissants syndicats de cheminots.

En matière fluviale, les Voies Navigables de France ont mis en place le 19 mars des restrictions d'horaires et de densité du transit qui se sont immédiatement traduites par une diminution du volume acheminé.

Et en matière routière, en plus du "droit de retrait" déjà évoqué pour le trafic ferroviaire, les mesures dites "barrières" ont eu pour conséquence l'augmentation des temps de chargement et déchargement et donc la diminution du nombre de rotations. Par ailleurs la fermeture des industries dont les livraisons étaient complémentaires en termes logistiques (remplissant les camions de retour) a accru le nombre de retours à vide et donc le coût du transport des céréales. Globalement la logistique céréalière, en l'occurrence le transport plus que le stockage, est actuellement congestionnée et entravée, une situation très vraisemblablement commune à un certain nombre de pays.

À moyen comme à long terme l'agriculture mondiale est tributaire du commerce international d'engrais, dont les sols ne peuvent se passer plus d'un an ou deux, et qui est constitué aux deux tiers d'azote et à un tiers de phosphates et de potasse. Par exemple l'Europe est à peu près suffisante en matière de potasse mais pas d'azote ni de phosphates, et aura aussi de plus en plus besoin d'apports en soufre compte tenu de la division par six, en cinquante ans, de la pollution atmosphérique industrielle en dioxyde de soufre dont bénéficiaient la végétation naturelle et les cultures.

Les phosphates viennent essentiellement du Maroc, détenteur de plus de 70% des réserves mondiales (non renouvelables) de phosphore. Les fertilisants azotés sont produits à partir de gaz, pétrole ou charbon, donc également dépendants des importations même si une production (insuffisante) est localisée en Europe même, ce qui d'ailleurs renforce la nécessité stratégique de terminer le gazoduc North Stream2 qui affranchira l'Europe occidentale de sa dépendance du gaz algérien apporté par bateaux. Par exemple la France produit un tiers de ses fertilisants d'origine organique (azotés type ammonitrates), un quart venant du reste de l'Europe et le reste de plus loin, mais importe la quasi-totalité de ses fertilisants d'origine minérale, ne produisant plus ni phosphates ni potasse.

Il en est de même d'autres anciennes puissances industrielles qui ont éliminé leurs capacités chimiques avant d'avoir totalement éradiqué leur agriculture. La fin, ou la sérieuse réduction, du commerce international maritime annonce donc un franc déclin des productions agro-alimentaires, même là où le potentiel humain agricole a été préservé, c'est-à-dire notamment en-dehors du théâtre d'opérations de la Politique Agricole Commune uniopéenne.

Cependant l'agriculture n'est pas une activité virtuelle susceptible de démultiplication électronique à l'infini par un effet de levier financier et des produits dérivés déconnectés d'une base physique à l'existence réelle marginalisée depuis la fusion des barres du cœur des zones confinées de Three Miles Island et de Fort Knox. Ce n'est pas non plus une activité de services dématérialisée susceptible de délocalisation ou de télétravail à domicile confiné, ni une activité non essentielle susceptible d'arrêt domiciliaire oisif indemnisé à 84% du salaire net.

L'agriculture est une activité essentielle, plutôt physique et exercée en extérieur, et dont les dépassements d'horaires et les interruptions de congés sont dictés par la météorologie. C'est une activité de travailleur indépendant sans assurance de revenu fixe ou de remplacement. Dans certains pays, cultiver la terre trois cent quarante jours par an et dix heures par jour rapporte mensuellement deux fois moins que s'introduire illégalement dans le pays et demander les allocations d'oisiveté et d'attente d'une hypothétique et exceptionnelle reconduite au lieu du premier délit.

En France un agriculteur sur trois a un revenu mensuel inférieur à 350 euros, six sur dix sont en situation de détresse et désespoir extrêmes, un sur trois est proche de l'exténuation physique et psychologique. La valeur moyenne du revenu courant avant impôts ne reflète pas les disparités, entre par exemple la viticulture et l'agriculture à finalité industrielle qui s'en sortent mieux et l'agriculture maraîchère qui peine plus, mais dans l'ensemble plus de la moitié des exploitations seraient déficitaires sans aides et subventions. Grâce à ces dernières "seulement" 14% des exploitations ont un revenu courant avant impôts négatif, coûtant donc à l'exploitant plus qu'elles ne lui rapportent.

Cela signifie qu'un agriculteur sur sept, en plus de ne pas être rémunéré pour son travail, paie pour le privilège de nourrir ses concitoyens. Le taux de suicide des agriculteurs a triplé depuis 2016, avec désormais un suicide tous les deux jours. La population agricole, divisée par deux depuis le début du XXI° siècle, diminue de 1,5 à 2% par an. De l'ordre de 435 000 agriculteurs, renforcés de 255 000 co-exploitants (conjoints) et employés, nourrissent un pays de plus de soixante-sept millions d'habitants, population officielle minorée d'on ne sait combien. En clair, un pays comme la France (et ce n'est pas un cas unique) est nourri par le travail de 1% de sa population, et rémunère plutôt cruellement, voire négativement dans un cas sur sept, ce travail essentiel.

Le 21 avril le Programme Alimentaire Mondial de l'ONU, par la voix de son directeur exécutif David Beasley, a averti de l'imminence d'une famine mondiale de proportions "bibliques", pas seulement à cause du Covid-19 mais aussi du saccage de l'Afrique orientale par les criquets migrateurs. Le lendemain les pays du G20, par la voix de leurs ministres de l'agriculture, se sont verbalement engagés à fournir au monde un approvisionnement suffisant en nourriture…

Pour mémoire, la famine qui a été imposée au Mexique en 2006-2007, par les courtiers en maïs qui préféraient alimenter les voitures surcylindrées étatsuniennes en éthanol plutôt que les classes populaires mexicaines en *tortillas*, n'était pas une fatalité. C'était la conséquence logique d'un marché commun où l'un des pays ne peut compter que sur sa production, tandis que l'autre imprime sa monnaie à volonté pour acheter la production de l'autre. Appelée à tort "crise de la tortilla", ce n'était qu'une manifestation de la crise de l'acceptation de l'hyper-impression monétaire illimitée d'un pays d'ailleurs insolvable par le reste du monde.

Cette crise n'est pas résolue, comme l'ont constaté cette année les acheteurs de masques sanitaires qui se sont paraît-il vus rafler leurs commandes, sur la piste d'envol, par des acheteurs étatsuniens débordant de dollars fraîchement imprimés.

Tant que les frontières commerciales sont ouvertes et que sa monnaie est universellement acceptée, il y a au moins un pays qui ne devrait pas souffrir de la faim, c'est celui qui imprime ladite monnaie à volonté. Pour les autres, au fur et à mesure de la raréfaction et du renchérissement des produits alimentaires, il y aura rapidement des choix difficiles à faire et des décisions à prendre, comme la révision de la hiérarchie des priorités politiques.

Dans un premier temps les pénuries seront cachées par la généralisation du rationnement, au motif d'empêcher l'amoncellement convulsif des paniqués, que la presse avait complaisamment dénoncé en mars et avril. En ce début d'hiver (fin juin) en Australie, plusieurs chaînes de supermarchés réinstaurent déjà le rationnement (et pas seulement de papier toilette), après seulement deux mois de liberté conditionnelle, sous le prétexte de l'apparition de quelques centaines de nouveaux cas de Covid-19, qui pourrait faire encore paniquer des survivalistes de la dernière heure.

Alors que l'économie est officiellement rouverte, la mise en place de ce rationnement signifie vraisemblablement que le petit commerce a été préalablement mis dans l'incapacité de répondre à la demande insatisfaite par la grande distribution. Une telle neutralisation du commerce de proximité peut être obtenue soit par voie règlementaire au moyen de normes sanitaires ou de restrictions commerciales irréalistes (menant à la faillite ou à l'engorgement), soit par voie logistique au moyen du refus d'approvisionnement (déni de priorité) par les centrales d'achat. Dans certains pays, au début du confinement à domicile le petit commerce avait simplement été interdit d'exercice, au profit de la grande distribution à vocation monopolistique, plus proche des pouvoirs politico-économiques. Il n'y a pas besoin de réécouter Poujade pour comprendre que les situations de monopole mènent autant au renchérissement qu'à la pénurie.

Les famines de la fin 2020 seront peut-être localisées, mais la disette se généralisera en 2021.

Repli institutionnel

Pendant que la moitié de la population mondiale est assignée à résidence le monde change brusquement, et à la libération on ne retrouvera pas grand-chose du monde auquel on était habitué. Le nouveau mode de vie de beaucoup de gens sera très différent de l'ancien, par nécessité.

Pour commencer par l'élémentaire et le plus immédiat, il va y avoir dans le monde, comme on l'a vu précédemment, de la disette et de la famine. On associe souvent l'image de famine à des paysages exotiques déshérités et des enfants aux pieds nus, dans des contrées lointaines d'Afrique ou d'Asie livrées à l'anarchie de l'indépendance ou à de cruelles fatalités climatiques. Pourtant, dans la plupart des pays développés et riches il y avait déjà des laissés-pour-compte obligés de fouiller dans les poubelles pour manger. En Europe même, certains peuples ont eu faim encore récemment.

À la fin du XX° siècle, dans Sarajevo assiégée par l'armée bosno-serbe et rackettée et affamée (pour obtenir une intervention internationale) par l'armée bosno-turque, certaines personnes n'ont pas mangé tous les jours, ou ont fait durer un paquet de biscuits Lu une semaine. On a mangé les pigeons, les chiens, puis les chats, avant de se rendre compte que sans ces derniers les souris pillaient les maigres garde-manger. Dans Sarajevo, comme dans la plupart des villes de République Serbe de Bosnie soumises même après-guerre à un embargo plus meurtrier que les combats, on a planté des légumes sur les terrasses et les balcons, dans les jardins publics et les parcs déboisés pour le chauffage, dans les bacs à fleurs du centre-ville et dans les parterres des ronds-points.

En ce début du XXI° siècle, après le coup d'État du 22 février 2014 en ex-Ukraine et la tentative de déportation de la population du sud-est, le blocus militaire et paramilitaire a provoqué une disette en Novorussie, puis l'incompétence de la junte national-socialiste du Maïdan a provoqué une disette en Malorussie. À Chypre et en Grèce, les programmes d'austérité, imposés par la Commission Européenne après les attaques de diversion lancées (pour secourir le dollar) par les banques étatsuniennes qui en avaient frauduleusement préparé l'insolvabilité, ont provoqué la misère et la pénurie qui ont tué un bon nombre de sujets de l'Union Européenne. Plus récemment, en ce printemps 2020 la faillite monétaire a amené de la disette au Liban.

Dans ses cinq stades de l'effondrement, qu'il a constatés en URSS et annoncés pour les États-Unis, Dmitry Orlov mentionne la pénurie au titre de la rupture des approvisionnements, parmi les signes et conséquences de ce qu'il appelle l'effondrement commercial, deuxième stade de l'effondrement d'une société, précédé de l'effondrement financier.

Nonobstant, en 2020 la pénurie est provoquée par deux facteurs, d'une part la rupture logistique ou de distribution, pour des raisons sanitaires comme entreprises ou infrastructures incapacitées par le virus, et règlementaires comme fermetures autoritaires des voies de transport, et d'autre part la rupture de la production, pour des raisons là encore sanitaires et règlementaires mais aussi tout simplement par défaut de matières premières ou produits semi-finis. Ainsi cet effondrement est visible et palpable par le consommateur bien avant l'effondrement financier, qui est certes déjà enclenché mais n'affectera concrètement la vie quotidienne des citoyens que dans plusieurs mois.

L'effondrement social, par contre, qu'Orlov place chronologiquement après l'effondrement politique donc au quatrième et avant-dernier stade (juste avant l'effondrement culturel et ultime), est en 2020 le deuxième qui bouleversera la vie quotidienne, car il a commencé un peu avant ou juste après l'assignation à domicile et reste donc encore, selon les pays, plus ou moins largement inaperçu.

On l'a évoqué plus haut, le salariat, qui, composantes privée et publique confondues, représente la très grande majorité des travailleurs (et des présents non travailleurs) dans les économies développées, a été mis en congé payé, hormis quelques télétravailleurs toujours en activité. Il y a certes des différences statutaires et monétaires selon les pays voire selon les organisations, puisque certains (la majorité en France) ont vu leur contrat de travail suspendu, avec une indemnisation par l'entreprise, par la corporation professionnelle ou par l'État, tandis que d'autres (la majorité aux États-Unis) ont vu leur contrat de travail rompu, avec une indemnisation par un système d'assurance-chômage public ou paritaire, fédéral ou régional et autres nuances.

Mais à terme, c'est-à-dire sous quelques mois, il apparaîtra que même la masse des contrats suspendus pour réduction d'activité (dite chômage partiel) ne sera pas réactivée et passera, officiellement ou de manière artificiellement cachée, à la charge du système d'assurance-chômage, promis à la faillite ou au rachat par l'État au moyen de l'impression monétaire ou, selon les pays, de l'emprunt auprès de l'autorité chargée de l'impression monétaire.

Les énormes dinosaures employeurs inefficaces auront cessé d'exister, sauf peut-être virtuellement dans une salle de bourse électronique où des robots (programmes d'ordinateurs) seront chargés d'engranger les subventions étatiques et de rapporter la progression du cours des actions cotées aux fonds spéculatifs actionnaires, sans nécessité d'activité réelle (et risquée par les temps qui courent et les virus qui accourent) de la part de travailleurs humains, manuels ou intellectuels de base.

La faillite ou la virtualisation prochaine (la nationalisation et fonctionnarisation n'est guère mieux) de toutes les grandes organisations non essentielles va changer drastiquement le paysage organisationnel, urbain, social et économique, comme s'en rendront compte les anciens salariés d'ici un nombre de mois indéterminé, et variable selon les pays et les secteurs. Sauf erreur majeure, à savoir un succès inattendu du collectivisme étatique, le contrat permanent de travail en relation de subordination moyennant un salaire régulier va redevenir une exception, comme il l'était avant le XX° siècle. C'est l'un des changements sociaux les plus importants parmi tous ceux mentionnés dans ce chapitre.

Il faut ajouter au tableau la faillite, fortuite ou programmée, de la petite minorité d'entrepreneurs et indépendants, professionnels libéraux et autres commerçants qui, de plus, n'ont pas de salaire ou d'indemnité pour survivre (ou seulement comme personne physique mais plus employeur), et ne seront pas soutenus pour se risquer de nouveau à entreprendre ou à se lancer. Cette disparition des petites et, comme on dit maintenant, très petites entreprises, se verra d'abord dans la galerie de boutiques des supermarchés, dans les centre villes, dans les pages jaunes de l'annuaire (ou à défaut dans les hebdomadaires gratuits d'annonces), puis dès qu'on aura besoin d'un service ou d'un produit que la grande distribution ne fournit pas. Cela relève du chapitre de l'effondrement social. La société ne change pas seulement de physionomie, mais aussi de consistance et de constitution.

Dans certains pays, comme l'Italie (puis New York) au grand jour et la France en secret, le débordement du système de santé, à commencer par le réseau hospitalier, a même précédé la virtualisation des grandes entreprises. En Italie on a rappelé au service les médecins retraités, puis on a mobilisé les carabins de dernière année, puis d'avant-dernière (des trois dernières années en Russie). Dans une optique de triage de champ de bataille, c'est-à-dire de ne pas donner la priorité de soins à celui qui en a le plus besoin mais à celui qui a le plus de probabilités de récupération, on a aussi diffusé l'ordre de refuser l'hospitalisation aux vieux.

Certes ce n'est pas allé jusqu'aux consignes écrites de "sédation profonde et continue" accompagnée d'interruption d'alimentation et d'hydratation jusqu'à ce que mort s'ensuive, comme en France, et ça a donné lieu ensuite à l'ouverture d'enquêtes criminelles dont les suites seront intéressantes. Pour sa part le gouvernement français, malgré sa politique d'élimination des patients susceptibles d'avoir besoin d'hospitalisation en cas de contamination, en amont du système hospitalier, n'a pas évité le débordement et la suspension partielle dudit système.

Si l'on représentait cet écroulement par un château de cartes qui cesse à un moment de s'auto-soutenir, Orlov mettrait certainement ça au stade, et comme signe, de l'effondrement politique, mais en 2020 le château de cartes a pris feu avant de s'écrouler. Car il avait été désarmé par les politiciens budgétaires bien avant d'être soumis à des salves de saturation et d'oblitération par une maladie qui a exténué les équipes médicales pendant plusieurs semaines sans vrai sommeil avant de les décimer. Cette destruction-là a déjà élevé la mortalité des pays touchés, par report d'interventions vitales, chirurgicales ou de secours d'urgence par exemple, mais aussi par défaut de prise en charge des patients éconduits ou simplement restés chez eux en connaissance de la situation hospitalière, et même saturation (ou déconnexion) des numéros téléphoniques d'appel d'urgence.

Quand on connaît le coût et le temps de formation du personnel de santé, dont l'effectif était déjà déficitaire faute de priorité politique et salariale (tous les pays gouvernés ont inscrit depuis longtemps les professions médicales dans leurs priorités d'immigration), ainsi que l'état de délabrement de l'infrastructure déjà avant 2020, on peut deviner que sur ce plan-là beaucoup de sociétés vont rester sinistrées pour longtemps.

De plus la baisse du niveau d'éducation, de discipline et de respect dans beaucoup de pays autrefois à la pointe de la civilisation conduit mécaniquement à un affaiblissement structurel de la posture sanitaire générale.

Celui-ci était d'ailleurs déjà perceptible avant l'arrivée de nouvelles maladies par vecteur naturel ou transports humains comme la dengue qui, partie d'Asie, n'a même pas eu besoin de changement climatique puisqu'elle se répand maintenant sous les climats tempérés. Et on a vu aussi le retour de maladies éradiquées comme la tuberculose, la gale, le paludisme voire le choléra apportées par l'intrusion massive appelée en Europe le 24 août 2015[47]. La tuberculose en particulier, avec désormais ou de nouveau des millions de cas, allait nécessiter une attention médicale, budgétaire et donc politique majeure en Europe (comme un siècle et demi plus tôt), qui ne lui sera vraisemblablement pas accordée en raison d'une part de la priorité coronavirale et d'autre part de la dégradation des systèmes de santé.

Certes le cas particulier de la tuberculose concerne essentiellement l'Europe, mais la dengue concerne d'autres régions, la faillite budgétaire concerne tous les pays et la régression sanitaire sera générale. Et il faut y ajouter, dans certains pays de la société post-chrétienne, l'accaparement et l'abus, le couteau littéralement sur la gorge, du personnel soignant hospitalier par les ressortissants d'une civilisation distincte et violente. Aussi les services de santé de pays encore dans la catégorie haute de l'indice de développement humain ont de fortes probabilités, à moins d'une volonté politique forte et traduite par des actes fermes, de rester durablement dégradés.

L'une des prochaines épreuves de la pertinence des services publics sera la réouverture des transports collectifs urbains au public général, sachant que dans les pays à société duale on a continué de les assurer pour les populations privilégiées, souvent d'ailleurs dites "défavorisées" pour faciliter l'acceptation de la discrimination dite elle-même aussi "positive" même si elle

---

[47] On notait dans *La Huitième Plaie* (avant que les Européens l'oublient) que c'est l'appel à l'intrusion illégale, lancé par François Hollande et Angela Merkel à Berlin le 24 août 2015, qui a incité la Turquie à introduire en Grèce des centaines de milliers d'intrus munis de faux passeports syriens.

est négativement perçue par les populations à l'encontre desquelles elle s'exerce.

Dans beaucoup de pays on a suspendu les services de transports publics interprovinciaux (parfois d'ailleurs à l'initiative de provinces qui ont ainsi obligé les gouvernements centraux à agir) et interurbains. C'était bien effectivement la première chose à faire pour contenir l'épidémie, sans nécessairement, suivant sa prévalence locale, interdire pour autant les déplacements individuels, car il est plus facile et meilleur marché d'isoler, lorsqu'un cas apparaît, tous les passagers d'une voiture (qui partagent d'ailleurs souvent le même toit) que tous les passagers d'un autobus ou d'un wagon de train. Évidemment cela n'a pas forcément été bien perçu dans les pays où on a laissé les frontières et les aéroports ouverts, pour des raisons idéologiques et généralement sans le moindre contrôle sanitaire (sauf en Asie), mais les derniers mois ont montré que l'obéissance est plus spontanée que la révolte.

Or les transports collectifs d'une manière générale, et ceux relevant du secteur public en particulier, sont l'un des derniers milieux fortement syndiqués, et les conséquences visibles et gênantes de toute grève coordonnée leur a conféré un pouvoir de pression incontestable, régulièrement démontré ici ou là à l'occasion d'exigences salariales. Il n'est pas certain qu'un chauffeur de rame de métropolitain dans sa cabine, ou qu'un chauffeur d'autobus dans son compartiment facile à isoler face au parebrise, soit vraiment plus vulnérable qu'un facteur (si ça existe encore), un dentiste ou une infirmière d'ambulance. Mais il suffit d'un mot d'ordre syndical basé sur le droit à la sécurité personnelle, bien connu en France comme "droit de retrait", pour interdire la reprise du service.

Ainsi dans les pays démocratiques avec droit de grève, prise en considération des risques professionnels, accidents du travail et autre responsabilité pénale de l'employeur, va se poser une fois de plus la question du "service minimum", à savoir de ce que le citoyen est en droit d'attendre des services publics qu'il finance, ou qui lui sont imposés d'ailleurs bien au-delà des missions régaliennes de l'État (pour un militaire engagé, réserviste mobilisé ou conscrit appelé la question du danger de mort ne se pose pas).

La continuité de ces services, dans un contexte d'épidémie dite assez grave pour toutes ces mesures draconiennes qu'on n'avait pas vues depuis 1350, nécessitera l'engagement fort d'un État autoritaire. Un certain nombre d'États occidentaux à la mollesse démagocratique n'y sont pas prêts, et laisseront ces services se dissiper dans la désertion, sans nécessairement d'ailleurs leur couper solde mensuelle et budget de fonctionnement.

On a cité les transports publics mais il en est de même des services de sécurité. Dans les sociétés les plus bureaucratisées, toute activité visible génère des activités invisibles de soutien et tout lever de crayon (ou allumage d'ordinateur) doit être assuré afin de couvrir le moindre risque et bannir la moindre surprise. Dans ces sociétés il est presque anachronique que des volontaires prennent sur leurs loisirs et risquent leur vie pour tenter de sauver les biens (voire les vies) de leurs concitoyens, généralement détruits, quand ils le sont, par la négligence irresponsable de ces derniers parfois même entretenue par le langage des assureurs.

Par exemple dans un pays comme la France (cas extrême mais pas unique), après quarante ans de croissance économique, démographique et des risques depuis le rapport Bonnefous-Marcellin, l'État pourtant toujours plus lourdement présent n'a non seulement toujours pas suivi une seule de ses préconisations, mais a au contraire démantelé le peu de moyens de défense civile qui existait alors. Le régime le plus fiscalement lourd au monde compte largement sur le volontariat (hormis en son siège parisien) pour la lutte contre les conséquences humaines des sinistres, désastres et catastrophes, sans même accorder les moyens nécessaires à cette armée de bénévoles (et quitte à la faire charger par la police quand elle manifeste), comme l'avenir proche le montrera malheureusement puisque les changements climatiques ne sont pas limités à la Sibérie, l'Australie et l'Amazonie.

Quand bien même la retenue pour raison sanitaire serait de courte durée, la paupérisation durable des populations, qu'on notera dans quelques années par le recul de l'indice de développement humain dans la plupart des régions du monde (hormis peut-être l'Afrique si elle contrôle sa natalité), se traduira très concrètement par un recul des engagements personnels et collectifs bénévoles qui coûtent.

Il en est de même en matière de maintien de l'ordre, qui jusqu'à présent dans les États de droit et sociétés égalitaires était l'affaire de police professionnelle. Mais dans certains pays européens, France là encore en tête, l'exemption d'ordre public des zones de droit distinct, si magistralement révélée au sujet du confinement coronaviral, finira par rendre philosophiquement insupportable, autant que moralement injustifiable, l'oppression policière des populations indigènes jusqu'à présent pro-gouvernementales.

Cette crise de légitimité touche d'ailleurs les services de maintien de l'ordre eux-mêmes, qui affichent un taux de suicide dépassé seulement par le métier agricole. Le retrait policier des enclaves extraterritoriales, ordonné par le ministère de l'intérieur dans l'ombre du coronavirus, pourrait s'il devenait définitif ralentir l'usure des forces de maintien de l'ordre. Mais les prochaines missions qui leur seront confiées dans les territoires loyalistes leur aliéneront la population et entameront un nouveau cycle d'attrition policière. Les régimes communistes levaient des milices populaires en lieu ou en suppléance de police, mais ils bénéficiaient pour cela d'une idéologie porteuse, dans une atmosphère de suspicion et délation générale qui rendait la déviance difficile.

Lever une milice populaire mobilisée, dite volontaire, et improvisée, c'est en tout cas ce à quoi la Chine a eu recours dès février pour relever l'énorme défi de l'hygiène urbaine à Wuhan et dans les villes de la province de Hubei. Dans un pays où les collecteurs d'ordures de la voirie n'ont pas à avoir d'états d'âme quant à leur participation à la tournée quotidienne, s'est posé massivement le problème impromptu de la collecte de milliers de cadavres en décomposition dans l'espace public mais aussi dans les appartements, parfois de familles entières. À New York on a utilisé les prisonniers de droit commun pour creuser des fosses communes dans les cimetières puis dans les parcs publics (encore un rappel de Sarajevo), ailleurs pour fabriquer des masques hygiéniques.

Sous les régimes à coercition modérée voire inexistante, dès que l'épidémie paraîtra de nouveau incontrôlable dans les rues, que l'indemnisation paraîtra préférable au travail, ou que les directions des services publics paraîtront indécises, on pourra voir un effacement des services de voirie, qu'il s'agisse du ramassage des ordures, de la maintenance des réseaux électriques ou de celle des réseaux d'eau potable. Or ces pays-là n'ont généralement plus d'effectifs militaires taillables et corvéables à merci pour remplacer les services disposant du droit de grève et du droit de retrait. Aussi les gouvernants, d'ailleurs plutôt entraînés à la fermeture de bureaux de poste, de commissariats de police, de gares ferroviaires, d'écoles et de dispensaires médicaux qu'aux négociations syndicales ou qu'à la harangue des troupes, ne trouveront pas de solution facile.

Un autre service public moderne, bien que ne relevant pas non plus des fonctions régaliennes de l'État, qui va se rétrécir, est celui de l'éducation. La raison pour laquelle on a fermé les écoles en premier, dans tous les pays même ceux qui ne sont pas allés jusqu'aux arrêts de rigueur à domicile généralisés, c'est que l'école, lieu de promiscuité maximale s'il en est, constitue statistiquement le premier champ de contagion. Par exemple les deux premières mesures prises par l'Argentine, avant même qu'il soit question d'une quarantaine généralisée, furent la fermeture des écoles, et simultanément la mise en congé payé des plus de soixante ans afin justement de garder les enfants.

À ce sujet-là les études du Collège Impérial de Londres montrent qu'au moins un tiers de la propagation d'une épidémie peut être attribuée à la fréquentation scolaire, et que la fermeture des écoles réduit effectivement cette propagation d'au moins un tiers. Or, pour critiquées qu'elles soient quant à leurs hypothèses de mortalité, ces études se sont basées sur les données de contagiosité des autres infections virales connues, comme la grippe qui est pourtant bien moins contagieuse que le Covid-19. Dans le cas d'une maladie exceptionnellement contagieuse, la contribution de la scolarisation à sa propagation ne peut être qu'encore plus importante.

Certes cela n'a pas empêché certains

gouvernements coutumiers de la volte-face irréfléchie, comme en France, de rouvrir en premier les écoles, avant les transports publics ou les activités professionnelles non essentielles, au secret motif d'alléger la charge de garderie des jeunes parents les plus prolifiques, et selon un calendrier et un ordre de classes qui n'a manifestement pris en considération ni l'intérêt des élèves ni l'importance relative des années au sein des cycles.

Au niveau de l'enseignement supérieur, qui était d'ailleurs hypertrophié dans beaucoup de pays hautement développés, il est assez généralement admis que l'année universitaire 2020/2021, dans l'hémisphère boréal, sera entièrement dispensée par correspondance, comme l'année universitaire 2020 l'est déjà dans l'hémisphère austral depuis la rentrée d'avril. Par exemple le système universitaire californien, plus gros complexe universitaire étatsunien avec près de huit cent mille étudiants, n'ouvrira aucun de ses vingt-trois campus cet automne. Si l'on ajoute à l'investissement en outils de télé-enseignement l'amortissement des charges fixes non compensées des campus inutilisés, et la nécessaire baisse des prix d'une scolarité dispensée à moindre coût direct, on devrait assister aux faillites et regroupements d'établissements privés dans les pays où ils étaient particulièrement chers et inefficaces, en l'occurrence en Amérique du Nord et dans une moindre mesure en Asie.

Aux États-Unis de toute façon on attendait à tout moment le défaut généralisé sur les prêts d'études irrécouvrables (vendus aux fonds de retraite européens) d'anciens étudiants surendettés, comme cela avait été le cas en 2008 sur les prêts immobiliers irrécouvrables (vendus aux fonds de retraite européens) d'accédants à la propriété surendettés. Il est vrai que le nouveau siècle avait mis fin au mythe de l'élévation systématique du niveau de vie d'une génération à l'autre, et que toute une génération savait déjà qu'elle vivrait moins richement que ses parents.

À court terme de nombreux présentiels peu étudiants du monde entier ne termineront pas leurs chères études, et de nombreux professionnels expérimentés devront se tourner vers la validation des acquis de l'expérience pour obtenir le parchemin supplémentaire de milieu de carrière. À plus long terme les longs parcours d'insouciante jouissance prolongée, de repoussement de l'entrée sur le marché du travail, et de justification de l'aide parentale tardive, vont faire place au retour aux choses concrètes, imposé par la nécessité de manger.

Cette question sort de la sphère de la perte de pertinence des services publics sinistrés, mais s'inscrit dans l'effondrement social ou plutôt d'une certaine pratique sociale qu'il ne faut pas nécessairement regretter. De toute façon l'enseignement supérieur même universitaire, dans le monde entier et hors quelques disciplines désintéressées, ne visait plus la culture générale (les humanités) de l'honnête homme mais seulement des connaissances et des compétences trivialement monnayables dans le cadre d'un travail salarié, et là comme ailleurs l'inflation de la bulle, notamment de la durée des études en regard de leur rentabilité finale, ne pouvait mener qu'à un éclatement. Mais il est vrai qu'aujourd'hui, et à l'exception peut-être des méthodologies épistémologiques enseignées dans les écoles doctorales, ce n'est pas à l'université qu'on acquiert la sagesse de l'honnête homme.

Comme en matière alimentaire, on entre dans une période ou une ère de disette de services, à laquelle il va falloir suppléer ou dont il va falloir se passer.

L'argent liquide touche à sa fin. C'était annoncé, fomenté, promu depuis un certain temps, et il ne reste plus qu'à l'imposer. Certes les billets ont encore temporairement cours légal, et les commerces ont théoriquement l'obligation d'accepter tout moyen de paiement légal sous peine d'être coupables de "refus de vente". Cependant, beaucoup de gouvernements interdisent déjà les paiements en espèces supérieurs à un certain montant, par exemple 1000 euros en France, où le service des impôts prétend accepter les paiements en espèces et par chèque jusqu'à 300 euros mais joue l'inertie bureaucratique et informatique pour les refuser. Pour un particulier, tout retrait (ou tentative) de 10 000 euros sur une période d'un mois déclenche automatiquement une inscription aux fichiers de Tracfin par la banque, sans procès.

La Finlande, l'Irlande, la Suède, la Norvège et la Corée du Sud visaient, l'année dernière, la fin des espèces pour 2022, la plupart des autres pays européens visaient cet objectif pour 2025. Mais dès le mois de mars 2020 les banques constataient une accélération spontanée de l'abandon des espèces, et estimaient qu'elles pourraient être tombées pratiquement en désuétude dès septembre de cette année. Le paiement moyen en espèces étant, en France, de 24 euros, on a relevé, en mai, le plafond des paiements sans contact de 30 à 50 euros.

Surtout, sans considération pour les citoyens (5% en France) qui n'ont pas de carte bancaire, de plus en plus d'agences bancaires cessent de traiter les dépôts et retraits d'espèces. Non seulement on ferme les agences, l'épidémie n'étant qu'un prétexte à l'accélération d'un mouvement qui était déjà bien avancé, mais on retire aussi les distributeurs de billets, sans quota de service minimum du type "un guichet pour 2000 habitants" par exemple. En la matière encore il y a une forte discrimination envers les populations rurales, qu'on force à se rendre dans les villes contaminées, de plus en plus fréquemment car pour des montants de plus en plus minimes, les agences refusant de délivrer plus d'un certain montant par opération (parfois aussi ridicule que 30 euros).

Il y a fort à parier que, coronavirus aidant, il sera impossible de retirer des espèces dans l'Union Européenne à la fin de l'année, sauf peut-être dans les aéroports pour les étrangers non munis de cartes à paiement sans contact.

Aux États-Unis, où le billet le plus gros est de cent dollars, on vient de lancer en urgence et sans préavis le retrait des pièces de monnaie. Le 11 juin la banque nationale a annoncé qu'elle en "restreindrait l'émission" à partir du 15. Dès la semaine suivante les banques locales ont commencé à en manquer, ne recevant qu'un cinquième de leurs commandes, et ne pouvant donc plus servir correctement les petits commerçants qui apportent des billets pour obtenir des rouleaux de pièces. Cela laisse donc supposer qu'en plus de ne plus distribuer de rouleaux conditionnés de pièces neuves, la banque centrale sort de la circulation les sacs de pièces usagées en vrac que lui renvoient les banques.

Les petits commerce de détail en viennent donc à afficher des avis priant les clients de faire l'appoint exact ou de payer par carte (le chèque n'est utilisé que par les entreprises et son utilisation est découragée par la lourdeur bureaucratique de son encaissement). Coïncidence ou pas les États-Unis, toujours très en retard en matière de technologies bancaires, ont fini par adopter la carte à puce (invention française adoptée dans le monde entier) en novembre 2015, certes avec signature du ticket de paiement au lieu de saisie d'un code personnel. Brûlant les étapes, ils ont ensuite introduit la carte sans contact (autre invention française adoptée dans le monde entier) en janvier 2019, et en fin d'année la presse économique annonçait sa généralisation pour 2020. En effet la plupart des banques distribuent aujourd'hui des cartes avec cette option, et Visa estime que leur nombre triplera dans l'année. C'était ça ou le développement du paiement par téléphone portable dit intelligent (qu'on devrait appeler *spyphone*), intermédiation financière qui échappe aux banques…

Au chapitre de la dématérialisation il convient de noter aussi la fin de l'épargne. La fin de la consommation à outrance, rendue nécessaire par l'épuisement des ressources et du crédit (au sens étymologique de confiance en un remboursement), a été sifflée par la distanciation commerciale sous prétexte coronaviral. En mars, les Étatsuniens (pas confinés) ont épargné 13% de leur revenu, un record dans un pays où l'épargne n'est pas toujours positive, et ont remboursé pour 28 milliards de dollars de leurs dettes à court terme ou de consommation (cartes de crédit), autre record.

De leur côté, les Français qui habituellement épargnent 15% de leur revenu viennent de plus que doubler leur taux d'épargne, le portant à 40%. La collecte (différence entre dépôts et retraits) du livret A et du livret de développement durable et solidaire a, au premier trimestre 2020, modestement dépassé de 2,6% la collecte du premier trimestre 2019 (9,9 milliards d'euros contre 9,65). Cela a suffi pour que le gouvernement, par la voix du ministre de l'économie Bruno Le Maire, déclarât au parlement le 15 avril que "*ce n'est pas d'épargne dont nous avons besoin aujourd'hui pour notre économie, mais d'investissement*". Feignant de confondre ressource et emploi, d'ignorer que ces livrets avaient été inventés par le gouvernement pour drainer l'épargne vers le logement social et l'économie sociale et solidaire (ça ne reste pas en espèces dans un tiroir de caisse d'épargne), et d'être compétent en matière d'investissement productif, cette déclaration laisse présager une prochaine confiscation, sous la forme d'une interdiction des retraits. On ignorait pourtant à cette date que les dépôts bondiraient en avril, s'élevant pour les quatre premiers mois au-dessus des dépôts de l'entière année dernière.

Pour éviter aux épargnants français la tentation alternative de déposer des liasses de billets (voire pire, des lingots) dans des coffres-forts, comme le font déjà non seulement les clients des banques allemandes et suisses mais aussi certaines banques elles-mêmes plutôt que de déposer à intérêts négatifs auprès de la Banque Centrale Européenne, on instaure préventivement le contrôle des coffres. Par arrêté du 24 avril, à partir du 1er septembre les banques ont l'obligation d'inscrire nominativement au Fichier des Comptes Bancaires les locations de coffres-forts, ce qui serait une indiscrétion administrative inutile et coûteuse si elle n'était pas complétée, à terme, par l'obligation pour les banques de déclarer le contenu desdits coffres loués à leurs clients, et donc inévitablement d'estimer ce contenu.

Or en Europe, depuis une dizaine d'années les sommes déposées sur un compte bancaire n'appartiennent plus au déposant mais à la banque, le client n'étant plus détenteur que d'une créance sur la banque, assurée à seulement 100 000 euros par compte en cas de faillite de cette dernière. L'assimilation des coffres-forts à des comptes bancaires, par un court arrêté au langage administrativement sec, facilitera la saisie de leurs contenus par les banques en faillite qui les considèreront comme des actifs assurés jusqu'à hauteur de 100 000 euros. Les déposants devenus simple créanciers devront attendre la jurisprudence des premiers procès pour connaître le sort de leurs lingots et bijoux de famille, les titres de propriété traditionnellement entreposés étant quant à eux plutôt des actes notariés que des titres au porteur.

Le service postal disparaît aussi. D'année en année les agences abandonnaient les villages pour se replier dans les villes, mais la distribution était encore assurée jusqu'à l'entrée en vigueur du confinement, voire encore pendant celui-ci dans certains pays. Cependant la "distanciation sociale" qui devient une obligation durable permet d'accélérer dans les pays développés ce qui était déjà en cours, à savoir l'africanisation du service postal.

Sauf erreur, la convention postale universelle n'impose vraiment la distribution à domicile que des lettres de moins de vingt grammes (dont le prix est encadré) et des envois recommandés avec avis de réception. Tout le reste peut faire l'objet d'un avis au destinataire pour qu'il vienne retirer son courrier au bureau de poste. Dans les pays d'Afrique où il n'y a pas de distribution de courrier, ceux qui en reçoivent régulièrement ouvrent une boîte en poste restante au bureau de poste, et les autres sont informés (ou s'informent) d'une manière ou d'une autre lorsque d'aventure ils ont reçu quelque chose.

Or d'une part le volume du courrier postal a énormément diminué depuis l'avènement de la télématique, et d'autre part la quasi-totalité de la population peut désormais être contactée par voie électronique. Les services privés (et bien facturés) de colis sont voués à se développer avec l'augmentation de la vente à distance mais peuvent donner lieu à un retrait au bureau local. Les accusés de réception électroniques existent, et il est aujourd'hui possible dans beaucoup de pays d'envoyer une lettre recommandée sans se déplacer au bureau de poste, en envoyant seulement une requête télématique certifiée au service postal, avec un tarif différent selon si on exige l'impression d'un papier et la réception d'un accusé de réception cartonné, ou si on accepte que le service postal envoie la lettre par télématique et achemine un accusé de réception électronique.

Dans les pays bureaucratiquement avancés, l'enveloppe recommandée dont l'accusé de réception ne vaut pas certification de contenu a vocation à disparaître. Elle sera remplacée par la lettre-document sur triple formulaire sans enveloppe en vigueur depuis plusieurs décennies en Argentine, présentée en trois exemplaires dépliés au service postal qui en rend un signé et daté à l'expéditeur, en envoie un au destinataire avec accusé de réception détachable pour renvoi à l'expéditeur, et archive le troisième comme document officiel certifié par la poste et recevable par les tribunaux. Il ne reste plus qu'à dématérialiser le formulaire et remplacer les signatures et tampons par des certifications électroniques, pour épargner aux bureaux de poste la visite des usagers.

Finalement, dans la mesure où seuls les rares envois de moins de vingt grammes font l'objet d'une obligation conventionnelle internationale de remise à domicile, du moins tant que la convention postale universelle n'est pas collectivement amendée ou unilatéralement dénoncée, le service postal de base appartiendra bientôt au passé.

En ce qui la concerne, dans la plupart des pays la téléphonie n'est plus un service de base dû au public depuis la grande vague dite néolibérale des privatisations, avant même la généralisation de la téléphonie portative. À la recherche des profits de la modernité sans les coûts de l'infrastructure, et aidés en cela par les progrès technologiques, les "opérateurs" de télécommunications libérés de tout esprit de service public africanisent les pays développés.

Le réseau téléphonique en cuivre n'est déjà plus

étendu ou maintenu hors des grandes villes, et les nouvelles lignes ouvertes en zone rurale sont en technologie GSM (portable), même si l'appareil ressemble à un téléphone fixe voire dispose d'un numéro et d'une facturation de ligne fixe. Au mieux dans les grandes villes avec câble optique peut-on obtenir un appareil d'apparence téléphonique maillé sur le "routeur" (modem) de la "wifi" (internet sans fil) domiciliaire, c'est-à-dire en réalité un échange vocal sur internet (VOIP).

À son lancement Skype avertissait que de tels services ne permettaient pas de passer des appels d'urgence, mais en 2020 une bonne partie du réseau dit téléphonique passe par internet, notamment sur les réseaux interurbains de fibres optiques. Cela signifie une duplication de la vulnérabilité des lignes, puisqu'aujourd'hui pour téléphoner il faut donc d'une part que le service internet fonctionne et d'autre part qu'on ait l'électricité (ou la batterie chargée), alors que le réseau filaire en cuivre était lui-même sous tension électrique.

Toutes ces évolutions, en l'occurrence des régressions infrastructurelles, étaient déjà bien avancées, mais le repli des services sous les assauts réels ou redoutés du coronavirus ne fera que les accélérer. Un jour, l'équipe de réparation des fils téléphoniques sur les poteaux abattus par la foudre en rase campagne ne sortira plus.

Il faudra pourtant un effacement institutionnel plus marqué pour que l'équipe de réparation des fils électriques sur les poteaux abattus par la foudre en rase campagne ne sorte plus. Dans bien des pays la fourniture d'électricité est encore considérée comme un service d'utilité publique, même lorsqu'elle fait l'objet d'une concession à une entreprise privée. Mais la conjonction de la tension sanitaire, de la faillite économique et de la désertion politique ne permet pas d'exclure la fin de cette maintenance extérieure, à une époque où l'on n'hésite pas à rivotrier, et à faire préventivement exécuter à domicile, les vieux susceptibles, si d'aventure ils tombaient gravement malades, de demander à être admis à l'hôpital public.

Et il ne faut surtout pas oublier ce que font les grandes entreprises monopolistiques (françaises par exemple) de potabilisation de l'eau dans les pays où elles ont obtenu des concessions, puis se trouvent quelques années plus tard face à une très forte dévaluation (sans même qu'il soit besoin d'une hyperinflation). Lorsque la valeur de la monnaie est soudain divisée par dix, s'il est économiquement et politiquement tout juste possible de doubler (augmenter de 100%) le prix de l'eau potable, alors les profits de l'entreprise étrangère sont donc divisés par cinq une fois convertis en dollars extractibles.

Aussi l'attributaire de la licence de concession du service de potabilisation cesse son exploitation et se retire, à la manière d'un ministre de la république confronté à une difficulté. Quelles que soient les garanties contractuelles prévues, un effondrement monétaire d'une telle ampleur est toujours une situation exceptionnelle, avec souvent même une dimension politique ou sociale (guerre ou famine entraînant parfois une insurrection) déstabilisant aussi l'appareil juridique, et l'entreprise étrangère se soucie peu des usagers laissés sans eau, qu'elle rend au bon vouloir de leur municipalité.

Parallèlement au retrait des services de réseau et d'infrastructures, la téléaction s'impose dans tous les domaines. Citant les néologismes de télésanté, télémédecine et téléconsultation, et soucieux d'une possible interruption involontaire de l'éradication des Français *in utero*, leur gouvernement a même institué par un arrêté du 14 avril le téléavortement, à savoir la délivrance "*sans frais et anonymement*" de poisons abortifs par la pharmacie désignée par l'attributaire, en principe pour auto-administration et pas pour empoisonnement subreptif d'un tiers. En multiple dérogation au code de la santé publique[48], les poisons abortifs à base de mifepristone et de misoprostol sont ainsi désormais prescrits en dehors du cadre de leur autorisation de mise sur le marché, "*notamment quant au nombre de jours d'aménorrhée, à la posologie et à la voie d'administration*". Cela signifie, entre autres, que dans ce cadre il n'y a pas de limite temporelle en termes de semaines ou de mois de grossesse au moment de l'exécution.

Cette prescription exorbitante du droit commun peut être effectuée par tout médecin ou sage-femme ayant été en télécommunication avec le demandeur[49], dont les modalités de télévérification d'identité ne sont pas précisées bien que l'arrêté s'étende sur la nécessité de la sécurisation de la communication entre le prescripteur et la pharmacie. L'arrêté n'indique pas ce qu'il doit être fait des avortons, perdus pour l'industrie cosmétique et pour le commerce des cellules-mères. Pour information, dans certains pays le confinement a fait tripler la consommation d'alcool,

---

[48] D'une manière générale on assiste à une multiplication des décrets et arrêtés pris par l'exécutif pour déroger aux lois et codes votés par le législatif.

[49] Ce demandeur est généralement de sexe féminin (même en cas de désignation grammaticale par le genre masculin inclusif) mais l'écriture fallacieusement "inclusive" inventée pour exclure socialement et moralement les pratiquants de l'orthographe conventionnelle a été rejetée par l'Académie Française.

doubler le taux de suicide et quadrupler le nombre d'avortements.

Les certifications de citoyen numérique, qui existaient déjà dans certains pays et font parfois l'objet de la délivrance d'une seconde carte d'identité même lorsque la première est biométrique, vont certainement se généraliser. Après un deuxième voire un troisième niveau d'authentification de l'adéquation des données numériques à l'identité vérifiée, en personne dans un centre de certification, le citoyen-numéro, plus objet que sujet, est habilité à signer "numériquement" (en fait électroniquement) ses téléformalités administratives officielles. Voilà qui réjouira les pirates et usurpateurs d'identité, dont les agissements sont ainsi facilités et qui sont par là encouragés à passer à la télédélinquance, plus difficile à télécontrer.

En fin de compte, ce qui ne sera pas forcément immédiatement perceptible au fin fond de l'habitat dispersé des savanes du Niger, de Mongolie et du Sertão, c'est que les sociétés complexes sont le théâtre simultané de la dématérialisation, de la déshumanisation, du retrait et dans certains cas de la disparition d'une grande partie de leurs institutions, et par conséquent des habitudes de vie qui en dépendaient.

Les deux sujets que l'on omettra ici sont ceux qui mériteraient au moins un livre chacun, à savoir les institutions dédiées respectivement à la pratique religieuse et à l'accompagnement de la vieillesse, les unes séparées de l'État en vue de leur destruction et les autres étatisées en vue de leur destruction.

Relèvement concret

Ce qui a, sur le plan alimentaire, sauvé les populations d'ex-Ukraine après la dislocation politique et géographique prononcée par le coup d'État du 22 février 2014 (abolition de la constitution du 28 juin 1996[50]), c'est la diffusion très générale du lopin individuel, la *datcha*. Née au XVIII° siècle de la nécessité, par Pierre 1er le Grand, de réduire l'absentéisme pré et post-congés des hauts fonctionnaires venant de provinces très éloignées de la nouvelle capitale excentrée, en les attachant aux charmes de la nature du golfe de Finlande, la *datcha* est vite passée de gratification impériale à un mode de vie, puis une institution, d'abord autour des grandes villes.

Déjà au début du XIX° siècle Moscou se vidait l'été d'une bonne partie de ses habitants allant en banlieue ou à la campagne, chacun selon les moyens de sa condition, tailler les rosiers et offrir le thé, et le mouvement se popularisa tout au long du siècle. Évidemment à la révolution les *datchas* furent confisquées et remplacées par des loisirs plutôt urbains, collectifs, socialisants et utiles à l'industrie, au détriment des activités reliant à l'ordre naturel, familiales, autonomisantes et passéistes. Cette

[50] Comme exposé dans le Onzième Coup cette première constitution ukrainienne souveraine prenait acte de la dissolution de l'URSS le 26 décembre 1991 (enfin), et du renoncement de la Crimée à sa propre constitution souveraine adoptée le 5 mai 1992.

priorité explique l'hécatombe (aujourd'hui nommée *holodomor*) de millions de paysans, consécutive à la décision d'écraser les campagnes céréalières jusqu'au dernier grain de blé exportable pour des biens d'équipement industriel anglais, entre 1932 et 1934.

La pénurie alimentaire devenue structurelle depuis la deuxième guerre mondiale obligea le gouvernement soviétique à permettre la culture vivrière à usage familial sur de petits lopins concédés dans des lotissements verts non constructibles, pratique de jardins communautaires qui s'est aussi développée en bordure des grandes villes d'autres pays européens. Dans les années soixante on autorisa la construction de cabanons sur les *datchas* ce qui, même sans électricité, et au-delà du rangement d'outils à l'année, permit d'aménager des cuisines d'été et donc de préparer des conserves, confitures, sirops et autres compléments alimentaires pour l'hiver.

À partir de 1992, pendant la décennie Eltsine de l'effondrement du système soviétique et du libéralisme sauvage, l'institution de la *datcha* a indéniablement sauvé les populations d'une autre famine. La prospérité du début du XXI° siècle, en grande Russie surtout, a vu le remplacement (au moins partiel) des rangées de pommes de terre et de choux par des narcisses et des rosiers, mais dès la dissolution de l'Ukraine au début 2014 les pommes de terre et les choux ont repris leurs droits, que dans la petite Transnistrie ils n'ont d'ailleurs jamais perdus.

Et dès la réunification de mars 2014, l'une des premières demandes des Criméens aux autorités russes, après la naturalisation des Tatars rapatriés (et autres ex-Soviétiques) que l'Ukraine avait refusée pendant vingt ans, fut la privatisation des *datchas*, c'est-à-dire la transformation des registres vicinaux de droit d'usage en titres cadastraux de propriété. Très certainement, si on demandait aux peuples russes de toutes les contrées de nommer leur plante nationale, ce serait la pomme de terre, qui les a sauvés de tant de menaces de famine.

En Argentine après l'effondrement monétaire de la fin 2001 l'institut national d'agronomie a été chargé de fomenter la culture de jardins potagers. C'était une incongruité dans un pays dont la population est à 95% urbaine (banlieues avec jardins incluses), dont la nourriture de base des classes populaires est la viande bovine, où fruits et légumes sont un produit de supermarché qu'on n'imaginerait pas acheter à un paysan au bord de la route ou sur un marché à ciel ouvert, où jardin signifie gazon à l'anglaise agrémenté de fleurs, et où agriculture est synonyme de grandes exploitations hautement capitalisées, mécanisées et spécialisées visant l'exportation. La famine est inconcevable dans ce pays mais il y a parfois eu de graves problèmes de malnutrition, notamment chez des enfants, par déséquilibre, à savoir excès de viande, boissons sucrées et soja et déficit de vitamines et crudités.

Accompagné de campagnes d'information, de stages associatifs et de soutien aux initiatives communautaires en période de difficulté économique, ce programme de distribution, par les mairies, de sachets de semences assorties et de petits manuels pratiques, a permis en quelques années de restaurer l'équilibre nutritionnel de beaucoup de familles, et l'autonomie alimentaire de certaines communautés. Évidemment cela a surtout pris dans les milieux acquis à la "permaculture organique" et à la bonne diététique, mais le concept, sinon la pratique (faute de nécessité), du potager familial est maintenant très largement connu.

Cette initiative a été copiée par d'autres pays

soucieux de l'équilibre alimentaire de leur population, ou de corriger des excès de spécialisation agricole. Auparavant, les Talibans, installés par les États-Unis en Afghanistan en 1996 pour y généraliser la culture du pavot, puis voyant très vite cette monoculture engendrer l'insécurité alimentaire, avaient décidé au bout de deux ans au pouvoir de réintroduire des cultures vivrières en réduisant la culture du pavot. Puis ils l'interdirent totalement en 2000, raison pour laquelle ils furent rapidement chassés par leurs anciens parrains les États-Unis, au prétexte de l'attaque séoudienne du 11 septembre 2001.

Par ailleurs même en milieu urbain, et en faisant abstraction des petites concessions dans les jardins communautaires de périphérie déjà évoqués, des initiatives dignes d'intérêt sont lancées par des amateurs innovants. Par exemple, à Montréal le Laboratoire sur l'Agriculture Urbaine a lancé un programme de vulgarisation qui obtient un franc succès, car il expérimente et diffuse des solutions qui ont changé la vie de milliers de citadins, au Canada et ailleurs.

Son directeur scientifique Éric Duchemin, sous un climat pas particulièrement clément (cinq mois de saison productive) et en optimisant l'aménagement de son jardin, sa cour, sa terrasse, son balcon et ses murs extérieurs arrive à produire à titre personnel cinq kilos de légumes par mètre-carré et par an, et il assure presque l'autosuffisance en légumes de sa famille de quatre personnes sur seulement 40 m^2. Il va même jusqu'à évaluer sa production, disant qu'il a économisé plus de mille dollars canadiens par an depuis dix ans, et ajoutant qu'on peut d'ailleurs viser en priorité la production des légumes chers à l'achat pour une meilleure "rentabilité" du potager.

D'une manière générale, les études du LAU relèvent que 40% des ménages montréalais ont un potager, d'une superficie médiane de 6 m^2, et les potagers communautaires ont une superficie moyenne de 15 m^2. Ces potagers ont une production au mètre-carré très variable (de symbolique à 7 kg par an), avec une médiane de 2,5 kg/m^2 pour les potagers communautaires, s'élevant à 3,2 kg/m^2 pour les potagers individuels. Les Canadiens consommant 107 kg de légumes par an (290 g par jour) dont 70 kg de légumes frais (190 g par jour), on estime aussi qu'une parcelle moyenne de 15 m^2 peut fournir à deux personnes 42% de leur consommation annuelle totale de légumes, et en particulier 75% de leurs légumes frais. Cette grande ville produit donc dans ses murs les légumes nécessaires à 5 à 12% de sa population pendant cinq mois.

Au-delà du Canada, on estime en effet qu'un jardin potager bien entretenu peut produire plusieurs kilogrammes de nourriture par mètre-carré et par an. La FAO a établi qu'un mètre-carré de jardin peut produire jusqu'à deux cents tomates par an, trente-six têtes de laitue tous les soixante jours, dix choux tous les quatre-vingt-dix jours et (à moins que ce soit ou) cent oignons tous les cent vingt jours. Cela peut sembler exagéré et doit certainement être distinct selon les climats[51], mais l'ordre de grandeur peut donner à réfléchir, sans oublier cependant que les éléments déterminants sont le travail et la compétence.

Par contre aucun programme institutionnel de ce type ne saurait voir le jour, et aucun programme associatif

---

[51] Au Vénézuéla c'est un climat extrêmement favorable (et sur un sol riche) qui a évité une catastrophe humanitaire majeure, notamment alimentaire.

de ce type ne saurait être toléré, dans un pays soumis à un régime de taxocratie intégrale. On connaît la politique de l'Union Européenne visant à éradiquer les semences traditionnelles, auto-reproductrices et transmissibles au profit des semences de marque, brevetées et commercialisées à chaque saison par les grands groupes. On connaît aussi la persécution dont font l'objet les coopératives et réseaux d'échange gratuit ou moyennant frais postaux comme Kokopelli, pour des raisons peut-être autant idéologiques (briser la tradition et assujettir les gens à la dépendance) que commerciales.

Mais il y a aussi, en particulier au pays qui a inventé la taxation intégrale (TVA), le souci fiscal du manque à gagner sur tout ce qui est échangé gratuitement, d'où l'interdiction du troc et l'obligation de chiffrer les dons en nature afin qu'ils puissent être taxés, et même ce qui n'est pas échangé mais seulement produit gratuitement pour soi-même. Au pays où le gouvernement envisage d'instituer un "loyer fictif" taxable pour les propriétaires qui ne paient pas de loyer car ils ont préféré économiser ou payer un emprunt pour acheter leur logement, il est interdit de ne pas avoir de revenu (comme il est de moins en moins toléré de ne pas avoir de téléphone portable). Lorsqu'on demande par exemple l'aide juridictionnelle en assurant se nourrir soi-même et n'avoir jamais demandé d'aide sociale, on peut être débouté sur simple et infondée suspicion de déclarations mensongères et revenus cachés, au mépris bien sûr de la présomption d'innocence.

Le citoyen peu consommateur est un mauvais contribuable, et l'idée du jardin potager non taxé est politiquement incorrecte. Aux États-Unis, les premières chaînes d'hypermarchés qui, en limitant l'accès aux rayons de produits essentiels, ont interdit l'accès aux rayons de jardinerie, ont peut-être participé au déclenchement de la ruée vers les graineteries par correspondance, qui ont paraît-il doublé leur ventes en avril.

Dans les pays développés à commercialisation avancée, on estime que les fruits et légumes représentent d'un cinquième à un quart des dépenses d'alimentation d'une famille. En temps de normalité économique et d'approvisionnement, et sauf exigences particulières en termes de qualité, cela peut ne pas sembler justifier le temps et l'énergie consacrés, mais l'inertie acquise par la pratique du jardin potager est aussi une assurance qui peut devenir inestimable en cas de difficulté, car on ne devient pas jardinier en une semaine et on n'obtient pas une récolte appréciable à la première saison.

Néanmoins, ce que peu de plantes fournissent en quantité suffisante, à moins de se gaver de légumineuses, ce sont les protéines. Et même si un retour à la normale économique devait se produire, la consommation de viande bovine et porcine dans les pays riches est appelée à être réduite, de gré ou de force, en application de politiques internationales et supranationales que l'on a exposées par ailleurs[52]. La surconsommation de viande a des conséquences sanitaires qui relèvent d'un autre sujet, mais en tout cas elle est grandement liée au commerce généralisé de produits transformés et a de fortes chances d'être fortement réduite dans un circuit court et à plus forte raison dans une démarche d'autosuffisance. À une époque pas si lointaine chaque ferme tuait son cochon pour l'hiver, mais aujourd'hui dans les sociétés modernes urbanisés, peu de gens sont psychologiquement capables de tuer de sang-

---

[52] http://stratediplo.blogspot.com/2020/06/le-coronavirus-est-il-un-uniopeiste.html

froid un mammifère, hormis les Mahométans et les chasseurs.

Dans un environnement urbain les lapins présentent l'avantage d'être silencieux, de se multiplier rapidement et de pouvoir être élevés en cage, mais les nourrir est fastidieux. Les poules prospèrent mieux en liberté, et peuvent s'y nourrir seules si elles disposent d'un parcours assez productif. Surtout, elles produisent des œufs, qui sont bien plus versatiles que la viande, qui n'impliquent pas de tuer pour manger, et dont le rapport de transformation protéique à partir d'un aliment végétal est le plus optimal qui soit (hormis arthropodes certes). Il est vrai cependant qu'il faut de temps en temps tuer un coq pour éviter les bagarres et les concerts en canon, mais à défaut de coq les poules ne pondent que des ovules et le poulailler n'est pas renouvelable.

Les gallinacées sont omnivores, pouvant manger pratiquement tous les déchets de la table et de la cuisine, plus tout ce que fournit le terrain. Et en cas de risque de coupure longue ou définitive d'électricité, il est plus facile de cuire des œufs, par exemple en biscuits secs conservables, que de saler de la viande. De plus les œufs, surtout d'un poulailler amateur à l'air libre, font un excellent produit renouvelable pour le troc local. Enfin un poulailler est bien plus facile à installer qu'un potager, et produit plus vite. Parmi les éléments concourant à la production de nourriture et à l'établissement, chez soi, d'une certaine autonomie alimentaire familiale, le poulailler a une importance qualitative indéniable.

Sur un autre plan et comme on l'a vu plus haut l'ère du tous salariés est révolue, avec peut-être une période de transition par le tous fonctionnaires, qui terminera par la faillite. Mais la fin de l'emploi ne signifiera pas la fin du travail, propre de l'homme et de la société, notamment parce que la nature ne peut plus spontanément soutenir la biomasse humaine actuelle en mode chasseur-cueilleur, et parce qu'aucun homme isolé n'est capable de subvenir à tous ses besoins actuels sans échange, et à ses besoins futurs sans épargne.

L'emploi, au sens d'être employé par autrui, a toujours existé (le plus vieux métier du monde, guerrier, existe depuis que les premiers descendants d'Adam et Ève se sont divisés en tribus distinctes), mais la proportion d'employés avait atteint au siècle dernier un niveau extrême, même pas atteint dans les sociétés antiques basées sur l'esclavage. Cette exception historique semblant toucher à sa fin, il faut réapprendre à travailler par soi-même.

En réalité, la plupart des gens travaillent déjà sans s'en rendre compte (et sans en rendre compte aux services fiscaux) en-dehors de leur activité professionnelle. Une mère (ou un père) de famille qui prépare un repas tous les soirs pratique, en amateur certes, la même activité qu'un chef cuisinier professionnel de restaurant. Ceci est un exemple parlant, qui n'a évidemment pas pour objectif d'envoyer tous les parents au foyer postuler auprès des rares restaurants qui resteront dans la société d'après-peste, avec d'ailleurs un marché plus obligé (restauration collective de proximité) que motivé par le tourisme.

Pour soi, celui qui cultive son potager travaille à travers son loisir, celle qui coupe les cheveux de sa famille ou prépare une pizza aussi. Le cercle vicieux du travail rémunéré, c'est que plus on croit avoir besoin d'argent, moins on se laisse de temps pour traiter ses nécessités non professionnelles, et plus on a donc besoin d'argent pour payer d'autres professionnels, par exemple un jardinier, un coiffeur ou une fabrique de pizzas congelées, comme l'ont constaté tous les gens sans emploi mais pas oisifs. Or une coupe chez un coiffeur ou une pizza congelée coûtent plus cher que le même service ou le même produit fait chez soi. Et on est bien obligé aussi d'acheter ce qu'on ne peut pas produire seul, par exemple une voiture ou une opération chirurgicale.

Pour autrui, le bricoleur du dimanche, après la fermeture des services maintenance des hypermarchés et la disparition des sous-ensembles chinois prêts à changer, trouvera à s'occuper dans la réparation, pour soi ou pour les voisins, de centaines d'objets et autres appareils électriques, mécaniques, métalliques, en bois ou en plastique, qu'on avait perdu l'habitude de réparer. Et femme de ménage n'est pas un métier réservé aux quartiers des derniers (et toujours plus) riches, car des personnes âgées un peu raidies confient volontiers leur nettoyage domestique hebdomadaire à une voisine, quitte à payer en racontant des histoires instructives aux petits enfants ou en prêtant quelques mètres-carrés qu'elles ne peuvent plus cultiver.

La spécialisation, qui va main dans la main avec le salariat, n'est pas nécessairement la marque d'une qualification supérieure, mais parfois simplement l'étiquette mise à une personne connue surtout pour telle activité, alors qu'elle pourrait en exercer d'autres. Aussi, lorsqu'on désire (ou doit) trouver du travail non fourni contractuellement, il faut devenir son propre chef de produit, en langage mercatique, à savoir déterminer (par un bilan) et promouvoir ses compétences et sa proposition commerciale, une activité de communication différente de la simple rédaction du *curriculum vitæ* d'un candidat à un emploi salarié.

Ainsi, travailler hors relation de subordination

implique d'abord d'acquérir une discipline personnelle (personne n'est là pour contrôler les horaires et l'efficience), mais aussi d'appliquer une méthode professionnelle. L'une des premières difficultés du travail indépendant, surtout en sortant d'une société de l'assistance généralisée, est psychologique et consiste en la nécessité de se prendre en mains, en position d'auto-employeur.

Les anciens salariés ont tous vocation à devenir des consultants indépendants vendant leur travail au coup par coup dans l'incertitude du lendemain, ou au mieux des intérimaires associés en coopérative pour facturer comme honoraires leur salaire chargé. D'ailleurs dans bien des cas même les entreprises résiduelles préfèreront contracter temporairement un prestataire auquel on règle simplement une facture de services, plutôt que signer un rigide engagement à durée indéterminée avec obligations administratives et charges sociales.

Cependant le plongeon peut être graduel, voire fragmenté. Dans une économie qui va se recentrer sur les échanges de proximité, on peut ne pas trouver une demande suffisante pour placer la totalité de son travail dans un seul domaine, ce qui implique d'avoir "plusieurs cordes à son arc". La polyvalence est mère de l'adaptabilité, et avec la raréfaction des spécialistes on verra le retour en grâce des généralistes, ce qui ouvre l'esprit de tous. Il peut être plus efficace de saisir plusieurs petites opportunités isolément insuffisantes (des "petits boulots"), plutôt que d'attendre une hypothétique grosse opportunité unique.

C'est d'ailleurs le langage que tenaient ces deux dernières décennies les apôtres de la mise à profit de l'internet amateur, recommandant d'ouvrir plusieurs sites très différents, de faire du bruit sur les forums (aujourd'hui blogues) et de faire de la présence sur divers portails (aujourd'hui réseaux sociaux), juste pour générer du nombre de visites et pouvoir héberger de la réclame payante sous une forme ou une autre. Attention toutefois, pour ne pas avoir de mauvaise surprise il vaut mieux considérer aujourd'hui la téléactivité indépendante comme sérieusement compromise.

Après regroupements massifs, les dernières entreprises fournisseurs de services internet (communication, hébergement et programmes), devenues monopolistiques, pratiquent la censure à outrance [injonction OMS], peuvent isoler un pays ou un système bancaire, etc. Les nouveaux ordinateurs personnels aux capacités de plus en plus réduites, et presque totalement occupées par le système d'exploitation envahissant, sont pensés comme de simples terminaux pour utiliser, avec des logiciels en ligne, des données archivées dans la nuée, ce qui signifie que dès la coupure de la communication on perd la capacité de traitement et l'accès aux données.

Et les transactions bancaires internationales, conçues pour faciliter la spéculation capitaliste de très grands comptes, se compliquent d'année en année pour les particuliers et les petites entreprises, vulnérables à une confiscation sans préavis, sans signature nominativement identifiée et sans voie de recours. Les services de paiement électronique au siège social introuvable sont donc pratiques pour encaisser quelques euros de clics de banderoles, mais trop risqués pour y laisser un compte courant de rémunération professionnelle.

D'une manière générale, le remplacement des espèces sonnantes et trébuchantes par les transactions électroniques met les échanges à la merci, bien sûr, des "*bugs*" (mot intraduisible car spécifique), ces malfaçons caractéristiques de l'unique ou principale invention étatsunienne qu'est l'informatique, ainsi que de toute interruption des télécommunications, accidentelle ou conflictuelle. D'ailleurs, comme on l'a expliqué le 19 juin 2018[53], les entreprises étatsuniennes Visa et Mastercard ont la capacité d'interdire instantanément les paiements même internes dans n'importe quel pays (sauf cinq), comme l'ont appris à leurs dépens le Vatican le 1er janvier 2013, la Russie le 26 décembre 2014, toute l'Europe (sauf la France et la Russie) le 1er juin 2018, et les clients des filiales de banques vénézuéliennes dans le monde entier plus récemment.

Il faut d'ailleurs s'interroger sur la monnaie d'échange. Les principales devises deviennent essentiellement électroniques, avec un montant d'espèces en circulation très insuffisant, déjà avant l'inflation prochaine, à couvrir les besoins de l'économie réelle. En janvier 2002 en Argentine, après la fin de la parité fixe avec le dollar, le peso a été réintroduit à un tiers de dollar, puis est vite tombé à un quart. Un salaire de mille pesos valant mille dollars en 2001, resté *de jure* à mille pesos, est passé *de facto* à trois cents dollars, mais un produit importé à cent dollars est passé immédiatement de cent pesos à trois cents pesos. Même si la consommation a immédiatement baissé compte tenu de l'effondrement du pouvoir d'achat, dans un pays où plus du tiers des produits courants était importés la hausse des prix exprimés en monnaie locale a mécaniquement induit une augmentation du besoin de liquidités en circulation.

Cette augmentation du besoin de liquidités a été

---

[53] http://stratediplo.blogspot.com/2018/06/vulnerabilite-telebancaire-nationale.html

accrue par l'effondrement des paiements par carte de crédit alors très en vogue, à régler désormais en espèces. En effet les commerçants craignaient un défaut de paiement pour solde insuffisant et refusaient les règlements par carte, ce qui fut irrationnellement étendu aux cartes de débit alors que par définition celles-ci ne valident un paiement qu'après vérification du solde du compte. Puis le phénomène du manque de liquidités a été encore amplifié par l'inévitable inflation consécutive. Un même phénomène d'accroissement subit de la circulation d'espèces est apparu en ce début 2020 au Liban, suite à l'effondrement de la parité de la livre avec le dollar.

En théorie économique la pénurie d'une monnaie provoque normalement sa réévaluation (renchérissement), mais en pratique le seul manque d'espèces, qui sont aujourd'hui marginales par rapport au poids de la monnaie électronique de même dénomination représentée par des chiffres dans des logiciels de gestion de comptes bancaires, n'influe pas sur sa valeur et ne fait qu'entraver le petit commerce de proximité. Or c'est justement le commerce de proximité, aussi exempt que possible des contraintes et vulnérabilités logistiques physiques et institutionnelles, qui sauvera les populations. Il faut donc trouver une alternative au manque d'espèces, comme l'a compris la municipalité italienne de Castellino del Biferno qui imprime en 2020 sa propre quasi-monnaie à usage local, à une échelle certes bien inférieure à ce qu'ont fait la moitié des provinces argentines en 2001, puis la Californie à court de dollars en 2009.

Contrairement à une légende tenace, les métaux précieux ne doivent pas être utilisés comme moyens de paiement courant en temps de difficultés. D'une part ils sont extrêmement sous-évalués en cette fin de période de normalité et aucun fournisseur ne les accepterait à leur juste valeur, qui devrait être au moins celle du 6 septembre 2011 multipliée par le coefficient d'accroissement de la masse monétaire depuis lors. D'autre part les règlements courants d'achats de consommation doivent être effectués avec des moyens de paiement renouvelables ou remplaçables. La solution de la quasi-monnaie au niveau municipal ou provincial est valable à condition que ce soit infalsifiable. D'ailleurs, l'impression étant exceptionnelle, temporaire et due au manque de liquidités, elle peut être limitée à quelques grosses coupures se référant à la monnaie officielle, celle-ci restant en circulation pour les petites coupures (et le cas échéant pièces) dont le coût de production est supérieur à la valeur faciale.

En Californie il y a dix ans on les appelait "*I owe you*" (phonétiquement surnommés IOU), c'est-à-dire "je vous dois" X dollars, reconnaissance de dette délivrée par le gouvernement provincial à ses fournisseurs et fonctionnaires. De tels titres de dette sont cessibles et transférables, permettant au fournisseur ou fonctionnaire de l'administration de s'en servir pour régler ses propres achats locaux, et finalement remboursables au dernier porteur, par l'émetteur, à telle échéance (un ou deux ans), éventuellement avec un intérêt. Certains États du Brésil y avaient aussi eu recours vingt ans plus tôt, en temps d'hyperinflation. L'Amérique ayant ainsi réinventé l'effet de commerce, tout espoir n'est pas perdu qu'elle redécouvre le chèque.

Mais au niveau très local, quand on ne peut même plus avoir confiance en la monnaie émise par un gouvernement insolvable, ou qu'on n'y a plus accès parce qu'elle circule exclusivement quand les réseaux maillés de transmissions automatisées (internet et la téléphonie cellulaire) fonctionnent, la seule valeur sûre est le concret. Et une monnaie d'échange concrète, c'est le troc, ce que les gouvernements soviétique, français et autres régimes totalitaxataires appellent le marché noir. On s'échange des légumes contre des œufs, des œufs contre du jambon, du jambon contre des soins médicaux ou dentaires, du savoir contre du travail. Bien ou service, tous doivent produire quelque chose d'échangeable, fût-ce seulement les surplus de ce que l'on produit pour ses propres besoins.

Dès maintenant chacun doit penser à ce qu'il peut produire, de manière à s'y préparer pendant sa prochaine période d'assignation à domicile. Avoir accumulé des dizaines de briquets ou de piles électriques pour troquer lorsque la bouse se sera écrasée sur le ventilateur, comme disent les survivalistes étatsuniens, ne servira qu'un temps car tout inventaire fini en vient à s'épuiser. Il faut un moyen d'échange renouvelable, pour accéder notamment à tout le consommable que l'on ne produit pas soi-même, nourriture en premier lieu. Heureusement en cette fin d'ère, et au début de l'effondrement de la société de consommation qui a régi la vie de trois générations, beaucoup de gouvernements viennent enfin de rappeler, aussi brutalement que très concrètement, quels biens et activités ne sont pas essentiels.

Se concentrer sur l'essentiel, à l'aube d'une ère de pénurie généralisée, devient vital même pour ceux qui n'auraient jamais été attirés par le minimalisme. Rares sont ceux qui peuvent ou pourront augmenter voire maintenir leurs ressources. Et comme le savent les comptables (à défaut des politiciens), quand dans un bilan les ressources diminuent les emplois doivent diminuer aussi. En clair, quand on n'est pas maître de ses moyens on ne peut qu'ajuster ses besoins, en l'occurrence les réduire. Lorsque le compte courant cesse d'avoir des rentrées régulières il devient un compte d'épargne, dont il faut contrôler les sorties. Les citoyens des pays qui vivaient au-dessus de leurs moyens, en accroissant sans fin leur dette, ne se verront pas offrir plusieurs semestres d'accoutumance progressive aux nouvelles réalités.

En complément de la monnaie d'échange il faut aussi s'interroger sur des moyens d'épargne, en pensant à ses vieux jours. Car l'autre exception historique qui a duré trois générations était, dans les pays plus ou moins développés, la pension de retraite. Or les systèmes de retraite en faillite depuis longtemps dans la plupart des anciens pays riches ne peuvent plus être sauvés chaque année à coups d'endettement supplémentaire. De plus dans certains pays les décisions politiques et budgétaires seront bientôt prises par des ressortissants d'une civilisation autre, peu enclins à sauver les vieux représentants indigènes de l'ancienne civilisation. Il faut donc préparer ses vieux jours sans support institutionnel, comme au XIX° siècle.

Pendant des générations, les dernières années des vieux étaient prises en charge par les jeunes, ce qui était certes plus facile en contexte de croissance démographique (plus de gens à chaque génération), ou en contexte de prospérité économique. Cela aurait même pu continuer à fonctionner dans un contexte de croissance économique supérieure à l'augmentation de l'espérance de vie, mais pas sous le joug d'un État monstrueux engloutissant la moitié de la production du pays, et l'endettant pour engloutir encore plus.

Chacun doit aujourd'hui penser à ses besoins des ultimes années voire décennies. La solution est certainement différente selon les capacités et les anticipations des uns et des autres. Les métaux précieux conservent la valeur par-delà les dévaluations et inflations mais il faut pouvoir fractionner et vendre, l'immobilier peut apporter un revenu mais il faut pouvoir le maintenir, les parts d'entreprises peuvent apporter revenu et plus-value mais cela dépend de la situation économique, et dans tous les cas Urssaf, Cancras et Carbalas ne sont jamais loin. Il n'y a pas de solution miracle, universelle et immuable, cependant plus personne ne peut se permettre d'éluder cette question.

Et l'une des premières réponses, c'est là aussi de réduire ses besoins, avant de se retirer par choix ou par obligation. Par exemple, quel que soit le moyen de chauffage d'une résidence, plus elle est petite moins elle coûte à chauffer. En matière de chauffage domiciliaire, comme d'eau chaude sanitaire, il est possible d'utiliser l'énergie solaire sous à peu près toutes les latitudes habitées (avec des différences de surface de captation). Mais en matière d'électricité le coût du photovoltaïque, même quand on disposait de composants chinois, surprendrait plus d'un urbain occidental accoutumé à payer ses kilowatts-heures sans compter.

Or l'énergie presque gratuite est terminée. Le pic d'extraction du pétrole est assurément dépassé, il faudra faire face à son coût comme matière première irremplaçable pour la production de plastiques et de fertilisants, mais le monde (sauf la France qui brûle surtout de l'uranium) va voir s'élever le coût de l'énergie.

À titre personnel on pourra toujours s'éclairer grâce aux lampes à diodes en 12 volts, et recharger des piles. Un équipement photoélectrique moyen de petite maison isolée ne sert bien sûr ni à la cuisine ni au chauffage ou au "conditionnement" d'air, mais il peut supporter un lave-linge ou un réfrigérateur, voire les deux. Il faut changer les batteries tous les cinq à sept ans selon l'usage, néanmoins pour les nouveaux pauvres des campagnes en voie d'abandon institutionnel c'est une option. Il ne s'agit pas de retourner au XIX° siècle où nos trisaïeux s'éclairaient à la chandelle de Bougie et battaient le linge sur la planche du lavoir, il s'agit de réduire sa consommation d'électricité à une quantité que l'on peut produire à domicile. Car tout conduit à penser que le monde d'avant 2020 ne reviendra pas, puisqu'il était insoutenable et n'attendait qu'un événement déclencheur de son effondrement.

Les années vingt, et peut-être dès 2021 si tout va bien, verront un relèvement dans divers domaines sinistrés par la fin inévitable mais imprévue de l'ère d'avant-peste. Et la modalité principale de reconstruction sera l'initiative indépendante au niveau des cellules de base, selon l'ordre de subsidiarité des besoins de l'échelle de Maslow. Dans un nouveau contexte de ressources limitées, de reconstruction, et de menace portée par toute circulation incontrôlée des hommes et des marchandises, les peuples ne peuvent plus s'offrir de soutenir des appareils d'États-nations aussi lourds qu'inefficaces. La disparité de la rapidité, de la pertinence et de la qualité de la réponse à la pandémie a bien montré que l'avenir est aux cités-États. De l'Islande à la Nouvelle-Zélande en passant par Taïwan et Singapour (et au contraire de l'archipel japonais gouverné de loin par Tokyo), la situation insulaire a été mise à profit par les peuples auto-gouvernés à l'échelle de ce qui, dans des États-nations composites, correspond au niveau provincial.

Mordu ou épargné par le premier passage du coronavirus, il va falloir de toute façon et sur le long terme, selon le titre du succès de Piero San Giorgio, survivre à l'effondrement économique.

Conclusion

Il y a six mois à peine, au 1er janvier 2020, près de huit milliards d'humains vaquaient aux occupations et obligations de leur condition, de leur culture et de leur situation.

Certains se demandaient si leurs récoltes seraient suffisantes, certains espéraient que la guerre finirait ou que la violence épargnerait leur famille, certains s'inquiétaient de perdre leur emploi ou de ne pas guérir de leur cancer. D'autres craignaient l'effondrement financier, un accident nucléaire, une guerre civile ou la guerre mondiale, d'aucuns encore s'inquiétaient pour l'avenir de leurs petits-enfants sous un climat déréglé.

Personne, sauf erreur, personne n'imaginait que quelques mois plus tard la moitié de la population mondiale serait consignée à domicile, toute vie urbaine arrêtée. Le 15 février les gens qui s'y préparaient hors de Chine étaient rares, le 20 février alors que la Chine avait assigné à domicile toute sa population urbaine (soit un dixième de la population mondiale) le monde ne se voyait pas concerné, et même fin février après l'apparition en Italie le reste de l'Europe planifiait encore ses vacances à Rome et à Venise. Et le 20 mars pratiquement toute la population européenne était aux arrêts de rigueur. Personne, sauf erreur, personne ne l'aurait imaginé trois mois plus tôt, et bien peu un mois plus tôt.

À la veillée du 31 décembre, toute personne mise en demeure de choisir aurait certainement opiné qu'une guerre mondiale sous trois mois était plus plausible que cet événement-là. Il y a des choses qu'on craint de voir dans sa vie, dans dix ans ou dans cinquante, mais cela n'en faisait pas partie.

Quelle que soit au final la mortalité directe immédiate de la pandémie de Covid-19, et quel que soit le volume de la population mondiale qui en verra la fin, le monde a déjà changé, et il est indubitablement engagé dans un mouvement de restructurations brutales et de changements durables.

Le coronavirus de Wuhan et des Contamines restera endémique, avec ou sans vrai ou faux vaccin, avec un taux de létalité immédiate de l'ordre de 1 à 2% probablement, et de conséquences morbides (réduction de l'espérance et de la qualité de vie et de la fertilité humaines) qui ne seront pleinement évaluables que dans de nombreuses années.

Dès la fin 2020 commenceront les véritables travaux politiques de construction du futur système de "gouvernance mondiale" déjà annoncé, dont le machin uniopéen est certainement un prototype, et qui nécessite aussi en passant la neutralisation de quelques puissants régimes réfractaires. Le Forum Économique Mondial révèlera en janvier son projet, ou son chantier en cours d'achèvement, de *Great Reset*, mot connu des lecteurs de Stratediplo.

Au niveau de la base, après l'effondrement des artères de la vie sociale et économique, ces structures vitales de la société réelle, les personnes et les familles se verront renvoyées aux réalités concrètes comme les triviaux besoins alimentaire et sécuritaire. Sans attendre la mise en place des nouvelles structures supraétatiques à vocation transhumaniste, qu'on souhaite inefficaces, les peuples devront alors profiter de la dissipation du maillage institutionnel des États dinosaures faillis, pour réorganiser un monde viable sur des bases autonomes vicinales, locales voire au seul échelon compétent aujourd'hui face à l'épidémie et demain face à la pénurie, celui de la province ou de la cité-État.

L'Europe a connu trois périodes de perte drastique de sa population, la première consécutive à l'effondrement de l'empire romain, la deuxième consécutive à la grande peste noire, et la troisième consécutive à l'expérience collectiviste (bolchévique et national-socialiste). L'année 2020 a commencé avec une pandémie, a vu une collectivisation massive, et court à un effondrement. Il faut espérer des Saint Rémi et des Saint Vladimir (voire un Saint Charalampe), et ne pas les attendre pour s'élancer à leur suite.

Il reste quelques mois pour commencer à se préparer, sous le peu de normalité qui reste, à ce futur.

Déjà parus

ÉDITIONS
LE RETOUR AUX SOURCES
COVID-19
CHRONIQUES
D'UNE PANDÉMIE
LE GOUVERNEMENT DE LA PEUR
préface d'Anne Brassié
Jean-Michel
VERNOCHET
Jean Michel Vernochet, le très informé, met en lumière tous les complots

ÉDITIONS
LE RETOUR AUX SOURCES
GILETS JAUNES
LES RACINES DE LA COLÈRE
Vers l'insurrection civile
Jean-Michel
VERNOCHET
Le Pays réel habillé de jaune, est en guerre contre un système qui le tue...

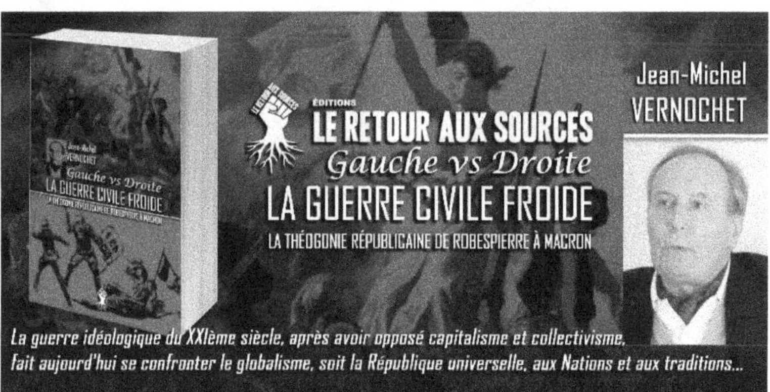
Jean-Michel
VERNOCHET
ÉDITIONS
LE RETOUR AUX SOURCES
Gauche vs Droite
LA GUERRE CIVILE FROIDE
LA THÉOGONIE RÉPUBLICAINE DE ROBESPIERRE À MACRON
La guerre idéologique du XXIème siècle, après avoir opposé capitalisme et collectivisme,
fait aujourd'hui se confronter le globalisme, soit la République universelle, aux Nations et aux traditions...

ÉDITIONS
LE RETOUR AUX SOURCES
MICHEL DRAC
ESSAIS
PENSER LE RÉEL POUR SORTIR DU SYSTÈME
TRIANGULATION
TAPIS DE BOMBES
VOIR MACRON

ÉDITIONS
LE RETOUR AUX SOURCES
PAUL DAUTRANS
LA DIXIÈME PORTE
PAUL DAUTRANS
LA DIXIÈME PORTE
SI VOUS TRAVAILLEZ EN ENTREPRISE, MÉFIEZ-VOUS DE CE LIVRE...

ÉDITIONS
LE RETOUR AUX SOURCES
MAURICE GENDRE & JEF CARNAC
LES NOUVELLES SCANDALEUSES
MAURICE GENDRE & JEF CARNAC
LES NOUVELLES
SCANDALEUSES
LE MONDE DANS LEQUEL VOUS VIVEZ N'EST PAS LE MONDE QUE VOUS PERCEVEZ...

Déjà parus

PAUL DAUTRANS
MANUEL DE L'HÉRÉTIQUE
ÉDITIONS
LE RETOUR AUX SOURCES
PAUL DAUTRANS
MANUEL DE
L'HÉRÉTIQUE
UN LIVRE QUI METTRA EN COLÈRE ABSOLUMENT TOUS LES CONS

JEF CARNAC
VENDETTA
ÉDITIONS
LE RETOUR AUX SOURCES
JEF CARNAC
VENDETTA
L'ARGENT, LE POUVOIR, LA CÉLÉBRITÉ...
RIEN NE VOUS PROTÈGERA

ÉDITIONS
LE RETOUR AUX SOURCES
Albert Roche,
premier soldat de
FRANCE
L'incroyable histoire de l'engagé volontaire
qui captura à lui seul 1180 prisonniers !

ÉDITIONS
LE RETOUR AUX SOURCES
L'imposture du sauveur
AMÉRICAIN
1917-1918 / 1941-1945
Un ouvrage passionnant qui balaye de nombreux clichés
et rétablit des vérités historiques méconnues

ÉDITIONS
LE RETOUR AUX SOURCES
HISTOIRE DE L'ARMÉE FRANÇAISE
des origines à nos jours
L'armée française a souvent occupé
la première place en Occident
Certains de ses chefs militaires ont marqué le monde par leur génie tactique et stratégique

DOMINIQUE LORMIER
ÉDITIONS
LE RETOUR AUX SOURCES
Histoires
extraordinaires
et mystérieuses
de
L'HUMANITÉ
Ces histoires ahurissantes et fantastiques, retracent les origines des grands mythes

Déjà parus

DOMINIQUE LORMIER
Histoires extraordinaires
FRANCE MYSTÉRIEUSE
ÉDITIONS
LE RETOUR AUX SOURCES
Histoires extraordinaires
de la
FRANCE MYSTÉRIEUSE
À travers ces histoires extraordinaires, c'est toute l'histoire d'un pays de tradition de liberté et de coutumes que cet ouvrage nous invite à revisiter

DOMINIQUE LORMIER
LES GRANDES AFFAIRES D'ESPIONNAGE en FRANCE de 1958 à nos jours
ÉDITIONS
LE RETOUR AUX SOURCES
LES GRANDES AFFAIRES
D'ESPIONNAGE
en
FRANCE
de 1958 à nos jours
- La fin du conflit algerien
- L'enlèvement de Ben Barka
- Jacques Foccart et l'Afrique
- Le mercenaire Bob Denard
- La bombe atomique française
- La guerre froide
- Le terroriste Carlos
- Le Liban
- Le Rainbow Warrior
- La Libye
- L'éclatement de la Yougoslavie
- Le terrorisme islamiste
- Le retour des espions russes de Poutine
De nombreuses révélations incroyables, venant de personnes de tout premier plan, sont présentées dans cette enquête très documentée

DOMINIQUE LORMIER
LES GRANDES BATAILLES de la PREMIÈRE GUERRE MONDIALE
ÉDITIONS
LE RETOUR AUX SOURCES
LES GRANDES BATAILLES
de la
PREMIÈRE GUERRE MONDIALE
Une vision globale, tactique et stratégique des douze grandes batailles qui marquèrent un tournant dans l'histoire militaire

ÉDITIONS
LE RETOUR AUX SOURCES
LES GRANDES BATAILLES
DE L'HISTOIRE DE FRANCE
d'Hastings à la Libération
1066-1945
« La France fut faite à coups d'épée »
Cette citation de Charles de Gaulle dit bien ce que
la France doit aux grandes batailles qu'elle a dû livrer pour construire ses frontières...

Dominique Lormier
ÉDITIONS
LE RETOUR AUX SOURCES
LES VICTOIRES FRANÇAISES
de 1914 à nos jours
L'auteur démontre clairement que
l'armée française a souvent joué un rôle prépondérant

JEAN-CHRISTOPHE LEBON
ÉDITIONS
LE RETOUR AUX SOURCES
Pour une
AGRICULTURE REBELLE
ou
comment
l'agriculture industrielle
nous asservit
et
comment y échapper

Déjà parus

ÉDITIONS
LE RETOUR AUX SOURCES
LE LIVRE DU SANG
Sven et l'ancien testament
PRÉFACE DE LAURENT GUYÉNOT
Il y a mille raisons de s'indigner que cette cruelle divinité tribale ait pu être confondue avec le Dieu d'amour que prêche le Christ.

ÉDITIONS
LE RETOUR AUX SOURCES
Les secrets de la
RÉSERVE FÉDÉRALE
par Eustace Mullins
Une révélation sur la manière dont fonctionne réellement le monde...

ÉDITIONS
LE RETOUR AUX SOURCES
LES MÉTHODES INFAILLIBLES DE CHARLES SANNAT
INVESTIR DANS L'IMMOBILIER
Le patrimoine immobilier tient une place toute particulière dans le cœur des Français

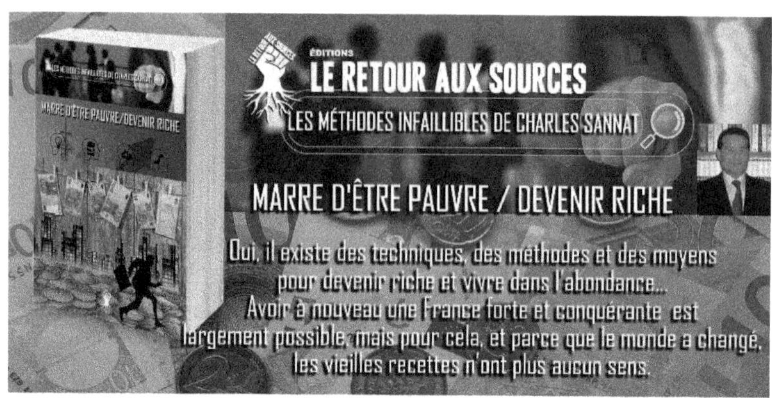

www.leretourauxsources.com

www.ingramcontent.com/pod-product-compliance
Lightning Source LLC
Chambersburg PA
CBHW071349280326
41927CB00040B/2418
9781913057961